이마트에서 배우는
장사 노하우

박종현 지음

무한

1993년 신세계가 이·마트 창동점을 1호점으로 할인점 사업을 시작한 지 10여 년의 세월이 흐른 시점에서 유통업계에 대변혁이 시작되었다. 할인점의 총 매출이 백화점을 추월해 막강한 바잉파워를 근간으로 제조업에 영향력을 행사할 정도로 그 역할이 커진 것이다. 실로 엄청난 변화가 아닐 수 없다.

통상적으로 할인점은 내점객을 대상으로 효율적인 점내 마케팅 활동과 서비스를 바탕으로 수익을 창출하고 있다. 또한 점포 출점도 백화점보다 활발히 움직이고 있다.

한마디로 대한민국의 빈 땅이라면 할인점이 대부분을 차지할 정도로 확대되고 있으며, 이·마트가 본격적으로 상해 1호점을 기반으로 중국시장 출점을 확대, 가속화하는 등 세계시장의 문을 본격적으로 두드리기 시작했다.

과연 대한민국 1등 토종 할인점 매장에서는 어떤 일들이 벌어지고 있는가? 필자는 다년간 할인점 지점장으로 근무한 경험을 바탕으로 장사를 잘하기 위해서는 현장에서 활동을 어떻게 해야 되는지에 대한 지침서를 대한민국 최대 토종 할인점인 이·마트의 점포 마케팅을 벤치마킹하여 점포영업을 하고 있거나, 향후 창업에 관심이 있는 예비 마케터들을 위해 '장사를 잘 하려면 이마트를 배워라'는 제목으로 출간한 바 있다.

지금까지 많은 점포관련 책들이 창업과정을 기술했다면 필자는 성공을 꿈꾸는 초보창업자들의 기대에 부응하기 위해 점포 오픈 이후, 영업을 어떻게 활성화시킬 것인가에 대한 현실적인 방법을 일부 수정·보완하여 '이마트에서 배우는 장사 노하우' 라는 제목으로 재출간하였다.

이 책은 이·마트에서 필자가 영업팀장, 지점장을 하면서 점포 중심의 영업활성화를 위한 다양한 마케팅(ISP) 활동 중에서 점포영업에 꼭 필요한 핵심적 요소를 현실적으로 정리하였다. 하지만 필자가 지점장 재직시 영업활성화를 위해 다양하게 접목했던 마케팅 활동은 필자의 주관적인 판단과 견해일 수 있기 때문에 현재 이·마트의 공식적인 점포 마케팅 정책과는 다소 상이할 수 있음을 전제한다.

지금까지 장사를 잘하는 방법을 논하는 자리에서는 상권 및 입지를 많이 거론하였다. 하지만 좋은 조건임에도 불구하고 시너지효과를 발휘하지 못하여 영업이 활성화되지 못하는 점포를 필자는 많이 보아왔다. 할인점의 점내 마케팅 활동이 모든 영업을 커버할 수는 없지만 고객을 만족시키고 수익을 창출하기 위한 일련의 점포활동은 거의 유사하다고 생각한다.

　창업을 준비 중에 있거나 점포를 경영하고 있는 분들에게 많은 도움이 되기를 바란다.

박 종 현

Contents

Chapter

1

—

1등으로 고객을
모시겠습니다

1. 고객의 불만족을 24시간 내에 해결하라

2003년도를 기점으로 우리나라 유통업에 대변혁이 일어났다. 불과 10여 년 역사의 할인점이 국내 유통업의 대명사로서 수십 년 역사와 전통을 자랑하는 백화점의 매출을 추월했기 때문이다. 일본의 할인점이 백화점 매출을 30여년 만에 추월한 것과 비교하면 이는 분명히 역사의 획을 긋는 대사건임에 틀림없다.

처음 신세계가 서울 도봉구 창동지역에 이·마트 창동점 1호점을 1,300여 평 규모로 오픈했을 때 누구도 할인점의 매출이 백화점을 추월할 것이라고는 예측을 못하였을 것이다. 아마도 대부분의 백화점 관계자들이 자기들과는 전혀 상관없는 업태로만 인식했을지도 모른다.

그러나 십 수 년의 세월이 흐른 지금 국내 할인점은 또 한 번의 큰 지각변동을 겪었다. 남한 인구 5,000만의 좁은 땅 덩어리에 외국계 할인점

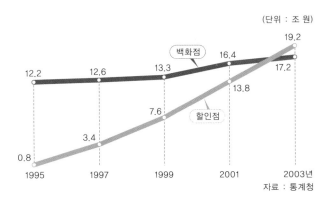

〈할인점 매출 추이〉

(단위 : 조 원)

자료 : 통계청

을 비롯한 수많은 점포가 국내에 출점하여 춘추전국시대가 무색할 정
도로 자웅을 겨룬 결과 국내에서 영업하고 있는 할인점은 이·마트, 홈
플러스, 롯데마트 그리고 창고형 할인점인 코스트코 홀 세일만이 생존
해 있는 실정이다.

초창기 이·마트가 1호점을 작은 평수로 오픈하였지만 지금은 영업
면적이 수천 평 되는 지역친화형 초대형 콘셉트로 점포를 출점하고 있
고, 과거 창고형 매장의 모습은 깨끗하고 쾌적한 매장으로 변신하였다.

이 모두가 고객의 끊임없이 다양한 욕구를 이·마트가 적극적으로
받아들인 결과인 것이다. 그만큼 이·마트는 상품과 서비스에 불만족이
있는 고객의 소리를 적극 경청하고 조치하여 오늘날 대한민국 1등 토종
할인점으로서의 면모를 갖추고 있는 것이다.

다시 말해 마케팅의 핵심인 고객이 원하는 상품과 서비스를 제공한
다는 기본원칙을 이·마트는 현장에서 몸소 실천하고 있는 것이다. 즉

1등으로 고객을 모시는 것이다.

필자가 이·마트 38호 점포인 시화 지점장 시절, 본사에서 정기적으로 주재하는 월간 지점장 회의에 참석하여 고객의 소리에 대한 마케팅 부서의 발표를 경청하고 있을 때, 마케팅 담당자가 시화점에 대한 고객의 불만소리를 발표하자 대표이사께서 "시화점장! 저 내용 알고 있는가?" 하고 물으셨다.

순간 난 당황해서 얼떨결에 대답했다.

"예, 알고 있습니다."

"어떻게 조치했나?"

"고객에게 직접 전화해서 사과의 말씀을 드리고 재발 방지를 위한 대책을 세워서 실행하기로 했습니다……."

필자가 발표된 고객의 소리를 사전에 미처 알지 못했더라면 그 이후의 일은 가히 상상에 맡기겠다. 대표이사가 고객의 소리 하나 하나를 세심하게 챙길 정도로 이·마트의 고객만족경영은 말이 아니라 전 직원이 현장에서 직접 실천하는 실천지향의 고객만족경영을 추구하고 있는 것이다. 즉 이·마트는 점포에서 발생하는 고객의 소리 한마디 한마디를 경영의 소중한 정보로 인식하고 있는 것이다.

이·마트는 홈페이지에 게시된 고객의 소리를 24시간 내에 지점장이 답변하지 않으면 마케팅 담당부서에서 답변조치를 왜 안 했는지를 해당 지점장에게 피드백할 정도로 고객의 소리에 각별히 신경을 쓰고 있다.

그러므로 점포의 책임자인 지점장이 출근해서 제일 먼저 하는 일이

전일 지점의 고객의 소리를 검색하고 답변하는 것이다.

오래전 필자가 지금은 철수한 외국계 할인점에 집사람과 쇼핑을 하러 간 적이 있었다. 운영 시스템이 다소 상이하지만 고객 입장에서 불편한 점이 있어 해당 지점 홈페이지에 불편사항의 글을 올렸지만 어떤 답변이나 관련 부서로부터 전화 연락을 받은 적이 없는 것으로 기억한다. 이것이 외국계 할인점이 국내에서 더 이상 영업을 할 수 있는 경쟁력을 이미 상실한 한 단서라고 생각한다.

요즈음 많은 기업들이 고객만족경영의 중요성을 더욱 강조하고 있다. 그런데 고객만족경영 하면 너무 어렵게들 생각하고 있는 것 같다. 한마디로 그 목적은 고객의 불편함을 제거하여 영원한 고정고객으로 만들자는 것이다.

점포에 근무하면 고객의 욕구가 무한하다는 것을 느낀다. 곰곰이 생각하면 가장 기본적인 것을 요구한다. 문제는 그 욕구를 적극적으로 대처할 것인가 말 것인가 그 차이일 뿐이다.

할인점의 대표적인 편의시설은 휴게의자, 공중전화, 어린이 놀이시설, 현금인출기, 쇼핑 카트, 동전교환기, 물품 보관대, 자율 포장대, 수유실, 유모차 및 휠체어 대여, 휴대폰 충전서비스, 음료수 자판기, 정수기 시설 등이다. 가령 그 점포의 고객 편의시설 운영수준은 공중전화, 카트, 물품 보관함 운영 실태만 점검해 보면 명확해진다.

현장에 있으면서도 아직도 고객이 가장 많이 사용하고 있는 편의시설의 핵심관리 포인트를 잘 모르는 경우가 있다. 즉, 이는 고객접점에서 고객이 진정으로 원하고 있는 부분이 무엇인지를 잘 모른다는 얘기다.

이·마트도 고객만족경영을 적극 실천하기 위한 고객 불편 사항을 조사하기 전까지만 해도 이 사실을 잘 몰랐다. 다시 말해 고객의 가치와 현장에서의 가치를 두고 일하는 것과 편차가 있다. 조사결과 고객은 공중전화의 메모지 및 필기구, 카트 및 물품 보관함 내부 청결상태를 강력히 원하고 있다는 사실을 발견한 것이다.

지금 이·마트는 경쟁사가 미처 생각지 못하고 있거나, 고객이 몹시 원하는 부분을 신속하게 과제화해서 집중적으로 개선 활동을 하고 있다. 언제든지 고객이 원하는 청결 및 위생관리, 안전, 그리고 불편하지 않도록 관리된 그런 소소한 시설들이 고객을 부르는 것이다.

요즈음은 할인점이 아니더라도 패스트푸드점, 심지어 냉면 전문점까지 고객의 불만족 소리를 적극 경청하고 조치 내용을 매장 내에 게시하거나 즉시 답변하는 운영 프로세스가 활성화되고 있다. 그만큼 고객의 힘이 막강해졌다고 해도 과언이 아니다.

특히 이·마트가 이 분야에 많은 관심을 가지게 된 배경은 할인점 간 경쟁이 치열해지면서 상품과 가격의 차별화가 감소되고 할인점 특성상 백화점과 같은 감성적 서비스 제공이 제한적이기 때문에 서비스 수준 향상을 통한 고객확보가 시급하다고 판단했기 때문이다.

최근에 신세계 그룹의 경영일선 전면에 나선 정용진 부회장의 행보가 눈에 띈다. 그는 삼성전자의 최고 히트작인 스마트폰 객럭시S를 미국 출장길에 사용하면서 불편했던 점을 직접 트위터를 통해 호소해 조치를 받는가 하면, 개인 트위터를 통해 고객의 불편함을 직접 듣고 해명하는 방식의 파격적인 경영 스타일로 고객과의 소통을 강화하는 등 세

간의 관심을 집중시키고 있다. 또한 이·마트뿐만 아니라 모기업인 신세계 백화점에서도 점포별로 계정을 만들고 담당자까지 배치하여 접점에서 실시간으로 발생하고 있는 다양한 고객의 소리를 적극 경청하는 '트위터를 활용한 고객만족경영 시스템'을 도입하여 고객의 불편함을 적극 해결해 나가고 있다.

얼마전 이·마트 모점에서 가짜 한우를 팔다 고객으로부터 강한 항의를 받은 사건이 발생하자 트위터를 통해서 직접 사과하기도 했다. 경쟁사인 현대, 롯데 백화점도 트위터, 블러그, 페이스 북 등의 소셜네크워크서비스(SNS)를 통해 고객과의 소통을 경쟁적으로 강화해 나가고 있다.

'1등으로 고객을 모시겠습니다!'

이·마트식 문제해결은 바로 고객의 소중함에서 출발한다.

1등으로 고객을 모시겠습니다

√ 고객의 소리를 적극 경청하고 즉시 조치하라.
√ 고객이 원하는 상품과 서비스를 제공하라.

2. 고객의 시간을 아껴라

대체로 우리나라 사람의 급한 성미는 자타가 인정하고 있다. '빨리빨리 문화'를 외국인도 알 정도니까 한국 사람의 성미가 얼마나 급한지 대충 짐작이 가능하다. 최근에는 많은 고객지향의 기업들이 고객의 시간과 비용을 절약하려고 엄청난 노력을 하고 있지만 일부 판매점, 창구, 서비스점 등 고객 접점에서의 활동은 고객기대에 못 미치고 있는 것이 현실이다.

필자도 성미가 급한지라 식사시간에 줄을 서거나 버스를 기다리는 일련의 행위들이 아직도 잘 적응이 안된다. 이는 성미가 급하다기보다는 기다리는 그 시간이 나에게는 아깝게 느껴지기 때문이다. 요즈음 은행에는 예금고객이 아닌 단순 입·출금 고객일 경우, 은행의 업무효율 제고를 위해 자동입출금 기계가 보편화되어 있다. 심지어 영화관 티켓

박스도 사람이 아닌 무인 발권기로 점차 대체되고 있는 실정이다.

즉, 고객의 시간절약과 편의성제고를 위한 제도일 수도 있지만 각 기업 나름대로 비용절감을 위한 고육책일 수도 있다. 어쨌든 기업과 고객 양쪽이 모두 좋은 윈-윈 제도인 것만큼은 틀림없다. 그러나 시간은 없고 바쁜 상황에서 대기고객이 많음에도 불구하고 몇 안되는 창구직원이 접객하고 있을 때 은행관리자가 내 일이 아닌 듯 자기업무만 보고 있을 때면 고객만족경영이 현장에선 아직도 거리가 있음을 느끼곤 한다.

할인점에서는 계산 시 고객의 대기시간을 줄이기 위해 많은 노력을 하고 있다. 실제로 할인점의 계산대는 과학적인 POS시스템 분석기법에 의거하여 근무교대 관리를 하고 있다. 문제는 예측불허의 상황이 발생하여 계산 대기시간이 길어질 때 현장에서 고객만족경영을 얼마나 실천하고 있는지는 바로 이때 판가름 난다. 이 문제를 최소화하기 위하여 현장 나름대로의 다양한 제도가 점포별로 시행되고 있다. 필자도 일선 점포 근무시절에 예측불허의 고객 대기시간이 길어질 때 이를 해결하기 위하여 밤낮으로 고민하곤 했다.

사실 할인점의 시스템을 잘 모르는 사람은 인력을 충원하면 되는 것 아니냐고 반론을 제기할 수 있을지도 모르지만 문제는 간단하지 않다. 토종이건 외산이건 할인점의 기본 콘셉트는 철저한 Low-Cost Operation 시스템을 근간으로 하고 있다. 때문에 할인점은 백화점과 달리 시스템 산업이라고도 한다. 즉, 이익의 근간이 사람이 아닌 시스템인 것이다.

지금은 보편화되었지만 고객입장에서 생각해낸 아이디어가 소량계산대인 것이다. 소량 구매고객들이 다수의 상품을 구입하는 고객과 함께 계산을 기다리는 것은 엄청난 시간 낭비였던 것이다. 이 제도를 실시하자마자 고객의 반응은 한마디로 대만족이었다. 그만큼 고객은 이 제도를 실시하기 전까지는 불편함을 감수해야만 했던 것이다. 또한 점포에서는 긴급 상황을 대비해서 군대에서나 들어봤을 법한 5분 대기조를 만들어 상시 지원체제를 갖추었다. 북한의 4대 군사노선 중에 '전군의 간부화'라는 말이 있다. 필자는 이 제도를 우리식으로 맞게 응용하였다.

'전 직원의 캐셔화' 즉, 지점장을 비롯한 모든 직원들이 캐셔 역할을 하게끔 조치하였던 것이다. 필자 역시 POS 업무를 옆에서 지켜보고 있을 때와 직접 했을 때와는 엄청난 차이가 있음을 느꼈다. 또한 캐셔(계산원)들의 애로사항을 파악함과 동시에 고객의 대기시간을 줄일 수 있었다. 한마디로 지점장 입장에서는 현장에서 고객만족경영을 적극 실천하는 데에 경영진, 간부, 사원 따로 있을 수 없다는 생각이었다. 지점장이 직접 현장에서 캐셔 및 직원들과 POS 업무를 하니 운영상의 문제점도 파악이 되고 조치하니 점포의 고객만족경영은 지점장의 솔선수범으로 자연스럽게 실천이 되었다.

얼마 전 필자의 사무실 근처에 유명 체인점 도시락 전문점이 오픈하였다. 대부분 외식을 하고 있는 오피스타운 근무자들에게는 가격도 저렴하고 색다른 기분을 느낄 수 있어 인기 만점이었다. 그러나 시간이 흘러 이용객들의 불만이 나오기 시작하였다. 즉 이용자가 많은 것에 비해 운영상의 미숙인지 기다리게 하는 대기시간이 길어 1분을 쪼개어 사용하는 점심시간 이용객들에게는 이만저만 짜증스러운 일이 아니었다.

필자도 가격이 싸서 좋았지만 점주의 기다림에 대한 배려의 마음이 부족한 것 같아 결국 이용을 중지했다. '일각(一角)이 여삼추(如三秋)' 라는 말이 있듯이 서비스를 받는 사람의 시간 감각은 훨씬 조급해지기 쉽다. 따라서 고객의 시간가치를 존중하는 서비스 정신과 신속한 업무 처리 시스템을 갖추지 못한 점포(기업)는 고객들로부터 외면을 당하기 쉽다.

아직도 고객을 장시간 기다리게 하는 매장! 즉시 개선되어야 한다!

고객의 1분을 아껴라!

1등으로 고객을 모시겠습니다

✓ 고객의 시간을 소중히 여겨라.
✓ 고객만족경영은 고객의 소중함에서 시작된다.

3. 고객이 원하는 상품과 서비스를 적시에 제공하라

대형점포든 소형점포든 점포를 운영하고 있는 모든 사람의 바람이자 고민거리 중의 하나가 최소비용으로 최대효율을 올릴 수 있는 방법을 찾는 일이라 생각한다. 흔히 경제학에서 얘기하는 80:20 파레토 법칙을 들어본 적이 있을 것이다. 이 법칙은 그야말로 다방면으로 활용되고 있는 것 같다.

마케팅을 담당하는 부서에서 자주 사용하고 있는 말이 전체고객 중 상위고객의 20%가 전사 매출의 80%를 차지하고 있다든가, MD 부서는 상품분석기법의 하나인 ABC분석에 의거 20%의 카테고리가 전체 매출의 80%를 차지하고 있어 A등급, B등급, C등급 형식으로 분류하여 최적의 효율을 올리기 위한 방법을 강구해 나가고 있다.

대체로 영업이 잘되고 있는 소매점이나 음식점, 호프집, 주점에 가

보면 나름대로 이유가 있음을 알 수 있다. 한마디로 고객이 원하는 상품과 서비스를 적시에 제공하고 있다는 것이다. 영업이 잘 안되는 점포의 특징은 직원에게 물어보면 "없어요", "안돼요", "몰라요"를 아무 거리낌 없이 말하고 아무런 조치를 취하지 않는 것이 보편화되어 있다. 또한 직원들의 표정이 대체로 어둡다. 한 통계에 의하면 고객들이 구매처를 바꾸는 최대 이유는 직원들의 불친절이라고 조사된 바 있다. 즉 기본적인 고객접객이 무엇인지도 모르는 훈련되지 않은 직원이 근무하고 있는 것이다. 게다가 매장은 품절이나 결품 투성이의 썰렁한 진열대를 장시간 방치하곤 한다.

흔히들 유통업에서 매출은 구매단가×구매객 수로 정의한다. 즉 매출을 올리려면 차별화된 서비스와 마케팅 활동을 통해서 내점객 수를 늘리거나, 고객이 필요로 하는 다양한 상품구색관리와 진열기법 개선 그리고 매력적인 상담스킬을 발휘하여 구매단가를 올리는 등의 방법으로 문제를 해결해 나가기도 한다.

이를 시스템적으로 해소하기 위하여 오래전 이·마트에서는 획기적인 정책을 단행하였다. 수년간의 연구 끝에 상품본부 중심의 컨트롤러 발주방식에서 최첨단 단말기 시스템을 도입하여 매장 담당자가 직접 상품을 보고 발주하는 현장 발주 시스템으로 전환하는 대혁신을 단행하였다. 그야말로 시스템적 권한이양이었던 것이다.

이 과학적 분석기법의 발주 시스템이 현장에 도입되어 고객은 상품 품절이나 결품이 해소돼 구매가 용이해졌고 점포 입장에서는 구매단가의 상승으로 수익의 향상을 가져오게 된 것이다. 또한 점포마다 과다 및 부족재고를 과학적 관리기법으로 분석, 개선함으로써 이 제도 실시 이후 점포의 매출과 재고효율이 크게 개선되는 혁신적인 성과를 이루어 낸 것이다.

현재 이·마트는 각 점포마다 다소 차이가 있지만 전사 재고 회전율이 타의 추종을 불허할 정도의 고효율을 일구어내고 있다. 이는 유통업에서 매입 회사가 재고관리 책임을 지고 있는 직매입 시스템으로는 상상을 초월할 만한 성과라 할 수 있겠다. 재고의 회전율이 높다는 것은 재고의 건전성과 현금 유동성이 높다는 얘기다.

이것이 오늘날 이·마트에게 최대의 수익을 실현하게 하는 근간이자 저력인 것이다. 그야말로 소매업의 기본에 가장 충실하게 움직이고 있는 기업이라 할 수 있는 것이다.

요즈음에는 대부분의 할인점에 보편화되어있지만 이·마트에 가면 대개 1층에 '고객만족센터'가 있다. 간단히 말하면 고객의 불편사항을 현장에서 즉시 해결해 주어 고객만족을 극대화시키는 것을 주된 임무로 하고 있다.

과거에 '안내데스크' 라고 칭하였던 것을 좀 더 고객입장에서 고객이 원하고, 만족하는 차별화된 One-Stop Service를 실천하기 위하여 운영방법과 명칭을 고객중심으로 전환하였던 것이다. 한마디로 '작은 차이가 명품을 만든다' 는 어느 회사의 광고 카피가 말해주듯이 작은 발상의 전환이 엄청난 수익 창출과 고객 재방문의 근원이 되었던 것이다.

서비스는 메아리라는 말이 있다. 고객을 살갑게, 반갑게 맞이하고 성심껏 접객하면 고객은 자연스럽게 우리 매장을 찾아주어 내게 행복을 가져다 준다는 의미이다. 즉 서비스의 기본정신인 남을 배려하는 마음을 갖게 되면 그것을 통해 자신도 인정받고 스스로 일에 대한 자긍심을 가질 수 있는 것이다. 결국 고객만족활동의 궁극적인 목표는 고정고객 확보를 통한 이윤창출이다.

이 · 마트는 "이 · 마트보다 더 싼 곳이 있어 신고만 하면 5,000원 상품권을 드립니다"라는 이른바 '최저가격 신고 보상제도'를 시행한 적이 있었다.

이 제도가 실시되기 전엔 이 · 마트보다 싼 곳이 있으면 그 차이의 2배를 보상해 주었지만 다른 할인점도 이 · 마트의 이런 제도를 모방하여 유사한 제도를 실시하고 있어서 고객의 입장에서 '최저가격 2배 보상제도'는 별로 메리트가 없었던 것이다.

왜냐하면 모든 할인점이 '최저가격 2배 보상제'를 실시하다 보면 가격 차이는 있을지언정 대부분 근소한 차이에 지나지 않는다. 즉 몇 십 원 보상받으려고 고객은 신고하지 않는다는 것이고 오히려 할인점 생색내기 제도에 불과할 수 있다는 생각이었다.

바로 이런 점에 착안하여 이 · 마트는 보다 실질적이고 고객지향의 차별화된 서비스, 즉 구매하지 않고 신고만 하여도 보상을 해주는 제도를 만들어낸 것이다. 어느 누구도 이 제도를 모방하지 못하는 이 · 마트만의 차별화된 서비스인 것이다. 그러나 어떤 제도든 처음에는 다소 어색하고 운영상의 문제가 있을 수 있다. 처음 이 제도를 실시할 때 현장의 반응은 싸늘했다. 차액의 2배를 환불만 해주어도 되는데 굳이 이렇게 돈을 들일 필요가 있느냐, 점포의 비용만 늘어난다는 식의 다양한 현장 얘기가 돌출되었던 것이다.

그러나 실질적인 고객만족경영이 곧 우리의 살길이라는 자연스러운 공감대 형성이 탄력을 받아 한때 이·마트의 대표적인 차별화 서비스제도로 자리 잡게 되었다.

한 보고서에서 '매우만족 고객의 25%, 만족고객의 44%가 조금이라도 더 메리트 있는 상품과 서비스가 경쟁사에서 제공된다면 언제라도 경쟁사로 떠날 준비가 돼 있다'고 진단했다. 또한 외국의 사례를 분석한 결과 기존 고객의 만족도가 5% 높아지면 그 고객이 회사에 가져다 주는 수익은 40~50% 높아진다고 설명했다.

게다가 우량고객을 새로 유지하는 비용은 기존 고객을 유지하는 비용의 4배 수준이기 때문에 기업이 한정된 자원으로 수익성을 높이기 위해서는 기존 고객의 불편함을 끊임없이 개선하여 만족도를 높여야 한다고 했다.

현재 이·마트에서는 점포마다 상이하지만 최고 십만 여종 이상의 상품을 취급하고 있다. 아마도 구색면에서 단연 국내 최고라 할 수 있다. 하지만 이·마트는 단순히 구색수에 만족하지 않고 할인점의 상품 품질이 백화점과 비교 시 질적으로 많이 떨어진다는 고객의 소리를 받아들여 이를 해결하기 위한 또 하나의 구체적인 작업에 착수하였다. 즉, 불량상품을 신고하면 5,000원의 상품권으로 보상해 주는 '불량상품 신고 보상제'라는 차별화된 서비스를 전격 실시하였다. 이는 단순히 신고만 하면 고객에게 5,000원으로 때우겠다는 생각이 아니라 고객의 시간을 소중히 여김과 동시에 실질적인 상품품질 개선을 위한 활동을 구체적으로 실천하겠다는 의지의 표현인 것이다.

고객이 1층 고객만족센터에서 불량상품을 신고하면 담당직원은 운영 시스템에 데이터를 등록하고 본사에선 전 점의 상황을 카테고리별로 분류, 정보화하고 이를 협력회사와 공동으로 해결해 나가는 시스템으로, 한마디로 이·마트의 고객만족경영 정신과 시스템이 융합된 차별화된 고객지향 서비스인 것이다.

바로 이것이 오늘날 이·마트가 1등 토종 할인점으로서 입지를 더욱 강화하게 된 근본이 되고 있는 것이다.

따라서 앞으로의 고객만족경영의 성공여부는 끊임없이 변화하는 고객의 기대심리를 어떻게 기업내부의 가치창출로 승화시키고, 또한 고객가치를 어떻게 실현할 것인가에 대한 경향으로 진화될 것이다. 한마디로 고객만족경영은 고객의 필요와 욕구변화를 지속적으로 파악하여 고객가치를 창출하고 실현하는 일련의 활동이기 때문이다.

1등으로 고객을 모시겠습니다

√ 접객 중 "없어요", "안돼요", "몰라요"를 사용하지 않는다.
√ 서비스는 고객과의 무언의 약속이다.

이·마트 고객만족 서비스 제도

1. 품질 불량상품 보상제
구매한 상품 중에 품질 불량상품이 있을 경우 교환·환불은 물론 상품권 5,000원으로 보상해 주는 제도.

2. 100% 교환·환불제
이·마트에서 구입한 상품 중 품질에 불만족하면 즉시 교환해 주는 제도.

3. 계산착오 보상제
계산 실수나 매장가격 고지오류로 계산이 잘못된 경우 상품권 5,000원을 보상해 주는 제도.

4. 지역단체 재원지원 프로그램
이·마트 수익의 일부를 지역사회에 환원하기 위하여 지역사회 및 단체의 재원을 지원하는 제도(영수증 모집액의 0.5%)

5. 약속 불이행 보상제
고객과의 약속을 지키지 못했을 경우 상품권 5,000원을 보상해 주는 제도.

6. 신선식품 만족제도
√ 당일상품 당일판매제
가장 신선한 품질을 전해 드리기 위해 오늘 진열한 500여 가지의 신선식품을 오늘 하루만 판매합니다.
(비 포장상품, 손질생선, 초밥/회, 매장 조리식품, 베이커리 등)
√ 과일 당도 표시제
국립 농산물 품질관리원이 규정한 '상'등급 이상의 당도 높은 상품만을 판매하여, 상품마다 정확한 당도를 표시합니다.

출처 : 이마트 홈페이지

4. 고객과 자주 만나고 끊임없이 소통하라

우리는 종종 소통의 부족함을 아쉬워한다. 하루 종일 일에 파묻혀 살고, 저녁 늦게 퇴근하고, 일찍 출근하는 생활을 반복적으로 하다 보면 그야말로 가족끼리 허심탄회하게 얘기를 나눌 수 있는 시간조차 별로 없는 바람직하지 않은 바쁜 삶을 살고 있다. 한마디로 서로 소통할 대화 시간이 부족해지면서 자연스런 공감대 형성에 장애가 생길 수 있는 것이다.

점포를 운영하다 보면 과연 내가 판매하고 있는 상품과 서비스의 고객만족도 수준이 어느 정도인지를 고객으로부터 검증받고 싶어질 때가 종종 있다. 이것은 점포를 이용하는 고객의 충성도를 높여 수익을 극대화시켜야 하는 점포의 책임자로서 항상 고민하는 문제가 아닐 수 없다. 이런 측면에서 이·마트는 고객의 만족도를 높이기 위해 점포 나름대로 서비스 수준 향상을 위한 활동을 지속적으로 실천하고 있다.

필자가 지점장 시절 가끔 고객으로부터 "식당가 음식의 맛과 종업원의 서비스가 떨어진다", "식품매장의 청과, 야채, 생선의 신선도가 떨어지고 가격도 비싸다"라는 등의 얘기를 듣곤 했다. 할인점에서의 신선식품은 매우 중요하다. 왜냐하면 데일리 상품으로써 내점객 수에 지대한 영향을 미치는 집객 MD이기 때문이다. 결국 이 문제를 해결하지 않고서는 우리 매장의 고객 충성도를 높이는 데는 한계가 있다고 판단해서 재미있는 프로그램을 만들었다. 지금은 상품과 서비스의 품질 향상을 위하여 매장에서 보편화되어 있는 프로그램이다.

무엇보다도 음식점은 맛이 최고의 마케팅 수단이다. 즉, 맛은 음식점에서 고객을 흡입할 수 있는 최대 무기인 것이다. 하지만 고객의 입맛이 상이하기 때문에 맛의 기준을 어디에 설정해야 하는지가 참 난감한 문제이다. 문제를 해결하기 위한 다양한 아이디어를 연구한 끝에 최종적으로 선택한 대안이 매장 내 내점고객을 대상으로 '음식 품평회'를 하는 것이었다. 다양한 종류의 메뉴를 준비하여 고객으로 하여금 맛과 가격에 대한 객관적인 평가를 하게 하였고, 참여한 고객에게는 감사의 표시로 사은품을 증정하고 데이터는 점주와 협의하여 새로운 레시피를 만드는 데에 적극 활용하였다.

상당수의 고객이 매장에서 이런 품평회에 대한 경험이 거의 없었다는 것과, 진정으로 푸드 코트의 음식을 개선하여 고객만족경영을 현장에서 실천하려고 하는 매장의 노력에 호의적인 반응을 보였다.

일반적으로 유통업체에선 다양한 MD가 존재하지만 흔히들 집객

MD, 매출 MD 등 그 상품의 속성을 고려해 용어를 사용하곤 한다. 특히 할인점에서는 고객을 집객하기 위한 주력 상품이 바로 식품매장의 청과, 야채, 수산물 등 신선식품이다. 이런 종류의 상품은 대부분 매일 먹는 상품이어서 흔히 '데일리 상품' 이라 부른다. 또한 가공식품과는 달리 입점할 때마다 가격이 상이하기 때문에 현장에서도 시스템적으로 운영하기가 매우 어려운 품목 중의 하나이다.

결국 신선매장의 경쟁력이 곧 그 점포의 내점객 수와 직접 연관이 있기 때문에 지점장에게는 매우 중요한 업무가 아닐 수 없다. 따라서 점포의 경쟁력을 올리고 고객의 충성도를 올리기 위한 활동으로 음식 품평회에 이어 신선식품 품평회를 매장 내 내점고객대상으로 매월 정례화하였다. 고객으로 하여금 경쟁사 제품과 비교하는 형식으로 현장에서 시식과 선도점검도 병행하고 가격도 상호 비교하는 일련의 과정을 통해서 상품경쟁력을 확보하기 위한 노력을 게을리 하지 않았다. 바로 이런 고객중심의 활동과 노력이 오늘날 이·마트를 지지하는 고객이 매장에 북적거리는 이유 중의 하나인 것이다.

지금 이 순간 우리 고객이 무엇을 원하는지 항상 질문하고 개선하라!

1등으로 고객을 모시겠습니다

√ 현장 관리자는 고객이 무엇을 원하는지 항상 질문하고 개선하라.

√ 고객과의 활발한 소통은 고객가치 창출의 원동력이다.

5. 고객을 항상
즐겁게 하라

어느 매장이든 지점장은 많은 실적을 올리고 싶어 한다. 경쟁은 치열하고 상권은 좁아지고 고객의 요구는 점점 늘어나고 점포를 둘러싸고 있는 경영환경은 갈수록 악화되고 있다.

고객입장에서 할인점 매장은 쇼핑만 하는 곳은 아니다. 사람 구경도 하고 가족, 친구들과 식사도 하며 놀이방에서 아이들과 노는 등 다양한 문화적 욕구를 해결하고자 한다.

이·마트에서 사용하고 있는 제도화된 프로그램의 중의 하나가 판매촉진 차원에서 시음과 시식행사를 적극 시행하고 있는 것이다. 고객입장에서는 맛의 즐거움을 만끽하고 판매사원은 판매촉진에 기여하여 자사제품에 대한 직접적인 홍보로 서로가 윈-윈 하는 프로그램이 아닐 수 없다. 실제로 시음이나 시식행사를 할 때와 단순히 진열대에 진열하여 판매할 때와는 30% 이상의 매출 차이가 발생한다.

지금은 시식행사가 할인점 매장에서는 없어서는 안되는 핵심 판촉 수단으로 매우 인기리에 운영되고 있으며 대부분의 할인점에서 전략적으로 활용하고 있다.

신상품, 파워 아이템, 시즌제품, 행사상품 중심으로 고객이 직접 맛보게 하는 시식 마케팅이 소매점에서는 매우 유용한 판촉수단으로 활용되고 있는 것이다. 요즈음 할인점은 쇼핑뿐만 아니라 먹는 즐거움을 함께 제공함으로써 고객의 다양한 욕구를 끌어내고 있다.

가끔 이·마트 매장을 이용하다 보면 매장 한편에서 웅성웅성 모여 있는 고객의 모습을 발견한다. 라면 높이 쌓기, 홀라후프 돌리기, 다트 대회, 사과 길게 깎기, 노래자랑 대회, 수박씨 멀리 보내기, 얼음 위에 오래 서 있기, 블록 조립대회, 케이크 만들기, 초밥 맛있게 만들기, 미꾸라지 빨리 잡기, 어린이 수영복 로드 쇼 등 다양한 이벤트를 매장 내 고객을 대상으로 시행하고 있다. 백화점처럼 화려하지는 않지만 생동감 있는 고객친화형 할인점 행사로써 고객의 반응은 대만족이다.

이·마트 매장에서 흔히 볼 수 있는 이벤트다. 점포마다 참신한 아이디어로 가장 재미있고 활기 있는 매장을 만들기 위한 활동이 활발히 진행되고 있다.

점포 차원에서는 고객과 좀 더 가까워지고 고객에게 쇼핑의 즐거움을 다양하게 제공하는 것이 점포에 대한 고객의 충성도를 높이는 길이라 생각하기 때문이다. 요즈음은 이런 판촉 이벤트가 일반화되어서 소규모 창업자들도 생존전략 차원에서 저마다 독특한 아이디어를 내걸고 손님 끌기를 하고 있다.

특히 가전제품 판매여왕이었던 백숙현 씨도 신입 주부판매사원 시절 어린이 재롱잔치, 공장견학 방문, 푸른 신호등 노래자랑 대회, 미스&미스터의 밤, 요리강습회, 미용강좌, 가족사진 찍어주기 등 다양한 이벤트를 만들어 고객과의 끊임없는 관계를 형성함으로써 판매왕의 자리에 등극할 수 있었다고 한다.

서울 역삼동 번화가의 샌드위치전문 매장! 밤에는 맥주를 판매하는 이모작 카페를 운영하는 박 사장은 5월 가정의 달을 맞이하여 부모와 어린이 손님을 한꺼번에 유치하기 위해 획기적인 이벤트를 만들었다. 5월 한 달 동안 부모와 동반한 어린이들에게 수박, 토마토 등 과일 모양의 모자를 씌우고 사진을 찍어 주기로 하였다.

결과는 대성공! '과일모자 쓰고 사진 찍기'가 이이들 사이에서 인기를 끌면서 어린이 고객이 절반 이상 많아졌던 것이다. 이벤트에 강한 매장! 이것이 장사 잘되는 매장의 차별화 포인트인 것이다. 경쟁점보다 더 많은 고객을 늘리려면 고객의 눈과 귀, 입을 즐겁게 하는 오감 이벤트를 끊임없이 발굴하라. 이것이 점포가 살 길이다.

시식 행사

√ **호감이 가는 멘트**
"어서 오세요, 고객님 맛있는 00를 시식하고 있습니다. 시식 한번 해보세요."
"더 드세요."

"부담 갖지 마시고 드세요."
"죄송합니다. 아직 익지 않았습니다. 잠시만 기다려 주세요."

√ 주의할 멘트
"그만 드세요."
"너무 많이 드시네요"
"하나씩만 드세요"
"아예 식사를 하세요."
특히 시식만 하고 돌아서는 고객의 뒤에서 수군거리거나 어린이, 학생 고객이 시식할 때 부적절한 언행은 일절 삼가야 한다.

√ 고려사항
1. 시식물량이 유효기한 등 법적으로 문제가 없는지 확인.
2. 시식물량이 품절이 되지 않도록 수시 점검.
3. 행사종료 후 시식대 반드시 철수(동선방해).
4. 시식상품은 반드시 정상상품으로 운영할 것.
5. 고객이 가장 맛있는 상태에서 드실 수 있도록 조리할 것(타거나 굳지 않도록).
6. 가위로 자를 시 항상 청결하게 유지할 것.
7. 정확하고 적절한 멘트 구사(과장, 광고성 멘트 사용 주의).
8. 수시로 후라이팬 청소, 소도구 정리, 이쑤시개 리필 및 시식대 주변 청결유지.

1등으로 고객을 모시겠습니다

√ 무료 시음과 시식행사로 고객의 오감을 자극하라.
√ 고객이 시식(음)할 때 절대 부담을 주지 마라.

6. 고객이 직접
체험하게 하라

이·마트 매장을 둘러보면 어느 매장이나 항상 활기가 넘친다. 아마도 이·마트만의 최대 장점일런지도 모른다. 그러나 이런 모습은 우연이 아니다.

할인점은 Low-Cost Operation 운영 특성상 백화점처럼 화려하지는 않지만 나름대로 활력의 근간이 되는 다양한 프로그램을 만들어 시행하고 있다. 그 중의 하나가 현장에서 시행하는 체험 문화교실이다. 보통 문화교실하면 백화점 문화센터와 같은 대 강의실에서 각 분야별 전문 유명강사에게 수많은 사람들이 강의를 경청하는 모습을 생각한다. 이러한 품격있는 문화교실은 할인점에서는 흔치 않으나 최근 이·마트에서는 A급 점포 중심으로 백화점과 같은 문화센터를 별도 운영하여 고객으로부터 큰 호응을 얻고 있다.

한 예로 이·마트 은평점은 백화점 수준의 전문 문화센터를 오픈한 이후 30대 젊은 주부 내점객이 눈에 띄게 증가됐다는 사실만 보아도 고객의 문화적 욕구충족이 매장선택의 근간이 됨을 알 수 있다.

〈할인점 시설보강에 대한 고객 VOC〉

구분	문화교실	휴게공간	놀이방	유아휴게	식당가	현금인출기	카센타	극장	기타
%	24.5	20.9	14.1	5.9	9.2	6.2	4.5	8.1	6.6

한 조사에 의하면 문화센터를 이용하는 고객이 그렇지 않은 고객의 구매단가보다 최고 5배 이상 차이가 나고 있는 것으로 조사되고 있다. 이른바 문화 마케팅이 전 유통업에 유행처럼 퍼지고 있는 것이다.

이·마트의 고객참여형 문화행사는 각 점포마다 신선매장 중심으로 활발히 진행되고 있는데 초밥 만들기, 사랑하는 자녀를 위한 빵 만들기, 케이크 만들기, 회 뜨기, 위생적인 김밥 만들기, 굴전 만들기 등 다양한 현장요리 강습회를 통하여 고객과 함께 만들며 시식도 하고 만든 음식은 집에 가져가 사랑하는 가족과 함께 나누어 먹는 등 실생활에 도움이 되는 다양한 정보를 제공하고 있는 것이다.

최근에는 이마트가 '요리마케팅'의 일환으로 내놓은 요리전문지가 6일 만에 20만 부가 팔렸을 정도로 예상을 뛰어넘는 인기몰이를 하고 있다고 한다. 예상 밖의 인기는 요리에 익숙하지 않은 주부들과 '요리마케팅'을 강화하고 있는 이마트와 식품회사의 요구가 맞아떨어졌기 때문으로 풀이된다.

혼히 정보라는 것이 엄청나게 큰 내용만 가치가 있다고 생각할지 모르나 내가 알고 있는 정보를 누군가에게 알려줬을 때 그 정보를 받은 사람의 느낌은 어떨까? 아마도 더 애정을 갖고 그 사람과 친근감을 유지할 것이다. 바로 정보의 가치가 여기에 있는 것이다. 이런 재미있고 실용적인 정보를 생생하게 알려주니 싫어할 고객이 누가 있겠는가? 바로 이·마트의 강점은 작은 것 하나에도 세심한 배려를 아끼지 않는다는 것이다.

1등으로 고객을 모시겠습니다

✓ 이벤트가 강한 매장일수록 매장은 활력이 넘친다.
✓ 재미있는 이벤트는 고객을 매장에 오래 머무르게 한다.

7. 고객 동선을 확보하라

　백화점 세일 때나 다른 할인점을 이용하다 보면 가뜩이나 매장도 복잡한데 고객 동선에 큰 대차나 팔레트를 두고 작업하는 모습을 종종 발견한다. 특히 지금은 철수한 외국계 할인점에서 이런 모습이 많이 발견되곤 했는데 국내 토종 할인점은 이런 작은 모습에도 차별화된 고객배려의 정신이 녹아나 있다.

　물론 외국계 할인점이 국내 할인점보다 주 동선이 다소 넓은 것이 사실이지만 고객이 쇼핑카트를 사용하는데 불편함을 느낄 정도라면 문제가 아닐 수 없다.

　국내 소비자의 일상적인 서비스 기대수준은 매우 높다. 따라서 고객이 미처 생각하지 못했던 곳에 관심을 두고 문제점을 찾고 개선점을 지속적으로 해결해 나가는 활동이 점포의 절대 경쟁력을 확보할 수 있는

지름길이라 할 수 있다.

이·마트 매장하면 뻥 뚫린 동선이 가장 인상적이다. 특히 고객의 동선에 방해를 주는 어떤 상품이나 집기를 두지 않는다. 동선을 방해하는 일련의 활동은 고객의 불편함을 초래해 만족도를 떨어뜨린다는 인식을 갖고 있다. 그만큼 직원들은 고객접점에서의 서비스 정신에 매우 익숙해져 있다.

가끔 동네 슈퍼에 가면 좁은 매장에 상품을 적재할 곳이 없어 동선에 상품을 방치해 놓은 것을 본다. 물론 동네 슈퍼니까 그러려니 하지만 결국 통행에 방해되거나 불편한 매장은 고객이 다시 찾지 않게 된다.

고객의 불편함을 최소화하기 위해서는 상품 운반용 카트나 작업도구를 통행에 불편을 주지 않는 범위 내에서 운영하는 것이 필수적이다. 또한 고객이 이용하는 동선에서 박스를 해체하여 상품을 진열하기보다는 후방에서 소분 작업 후 진열하는 등의 일련의 활동이 모두 고객을 위한 작은 배려의 마음에서 나온다고 볼 수 있다.

특히 특설행사 매장을 꾸밀 때도 매장의 이익보다는 고객의 불편함을 먼저 생각하는 서비스 정신! 이것은 고객을 위한 작은 배려의 마음에서 출발한다.

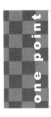

1등으로 고객을 모시겠습니다

√ 고객 동선을 가로막고 방해하는 작업 행위를 삼가라.
√ 고객이 상품을 고를 때는 작업을 멈추고 적극 안내하라.

8. 고객과의 약속은 반드시 지켜라

한국 사람이 약속을 잘 안 지키는 국민이라는 사실은 이미 '코리안 타임'을 통해서 잘 알려져 있다. 또한 우스갯소리로 '줄 돈은 최대한 미루고 받을 돈은 악착같이 받아내라'는 말도 어느 의미에서는 은연중 서로간의 약속을 부정하고 있는 것이다.

최근 보도에 의하면 가계, 기업, 정부 부채가 사상 최고치이고 대학생 신용불량자가 3년 만에 7배로 급증했다고 한다. 이것은 어떤 형태로든 사회문제로 대두될 가능성이 매우 높다. 특히 대학생 신용불량자의 증가는 사용자 약속 불이행의 한 단면이라 할 수 있다.

경기가 불투명하고 자금 분배의 왜곡현상이 심화될수록 부익부 빈익빈 현상이 뚜렷하게 나타나 중소기업 경영자들에게 심각한 자금 압박이 나타날 수 있다.

이러다 보면 어음 부도율과 직원 임금체불이 늘어 사회 전반적으로 서로를 못 믿는 불신의 늪으로 빠져들 수도 있는 것이다.

우리나라는 예로부터 서양과는 달리 농경 문화권에 살고 있어 옆집의 숟가락, 젓가락이 몇 개 있는 것까지도 알 수 있는 정착문화에 기반을 두고 있어 별도의 약속 및 계약을 위한 문서나 제도적 장치 없이 구두약속이 일반화되어 온 측면도 없지 않아 있다.

설상 그 약속을 지키지 못하더라도 이동할 필요가 거의 없었기 때문에 약속을 이행하는 데에는 큰 문제가 없었다. 하지만 서양문화는 다르다. 동양은 정착문화인데 반해 서양은 유목문화에 기반을 두고 있어 모든 일이 계약과 서류에 의해서 약속되고 이행되어지게 되었다. 이처럼 우리나라도 최근 서양문화권의 생활 패턴이 급속히 파고듦으로써 상호 간의 신뢰구축에 대한 욕구가 점점 더 강해지고 있다.

유통업은 상품과 서비스를 통해서 거래행위가 이루어지고 있다. 즉 돈을 지불한 것만큼만 혜택을 입을 수 있는 것이다.

최근 많은 기업들이 다양한 고객만족경영 전략을 수립하여 시행하고 있다. 그러나 현장에서의 철저한 고객약속 이행만큼이나 중요한 경영원칙은 없다고 생각한다.

2002년도에 이·마트에서는 '최저가격 2배 보상제(후에 최저가격 신고 보상제로 변경 시행하였으나 지금은 운영되고 있지 않다)' 라는 제도를 대대적으로 손질했다. 다시 말해 고객과의 약속을 적극 실천하기보다는 다양한 조건을 붙여 고객이 오히려 불편을 느낀다면 제도 자체가 무의미할 수도 있어 고객과의 약속을 적극 실천할 수 있는 고객중심의 제도로 개선이 불가피하였다.

시행 결과 각 점포별 신고 접수는 폭증하였다. 이로써 이·마트는 두 마리의 토끼를 다 잡을 수 있었다. 최저가격이라는 약속을 실천할 수 있었고 다른 하나는 약속이행을 함으로써 고객과의 신뢰가 더욱 견고해졌다는 사실이다. 또한 매장에서는 고객약속 불이행 시 상품권 5,000원을 보상하는 '약속 불이행 보상제'도 시행하고 있다. 최근엔 포화상태인 할인점 간 치열한 경쟁이 가속화됨에 따라 다양한 마케팅 정책이 쏟아져 나오고 있다.

문제는 정책적 슬로건을 만들어내는 것도 중요하지만 이를 현장에서 실천할 수밖에 없는 제도적 장치를 만들어 약속을 이행하고 직원들의 서비스 정신에 대한 공감대 형성이 우선시 되어야 한다는 것이다.

단 한 번의 약속불이행으로 실추된 불신은 지점의 충성도를 떨어뜨려 내점객 수와 수익에 지대한 영향을 주게 되며 이는 무한경쟁시대의 점포나 기업의 지속성장에 심각한 타격을 줄 수 있다는 사실을 명심해야 한다.

1등으로 고객을 모시겠습니다

✓ 고객과의 약속이행은 고객만족경영의 핵심이다.
✓ 고객만족경영은 슬로건이 아니라 행동이고 실천이다.

9. 고객이 묻는 말을 따라하라

요즈음 할인점 매장의 모습은 초창기와는 사뭇 다르다. 일단 규모면에서 엄청난 차이가 난다. 이·마트가 1,300평 규모로 1호점인 창동점을 식품, 가공 중심의 매장으로 오픈하였다가 이후 패션부문을 강화하여 2,000평대 매장으로 출점하였다. 유통개방화에 따라 외국계 할인점이 본격 상륙하여 경쟁구도가 치열하게 되자 2,000년에 들어와서는 3,000평대 대형 매장이 주류를 이루었다.

최근에는 4,000~5,000평대 매장까지 오픈하게 되고 매장구조도 복층구조에서 저층구조로 변화되다 보니 고객입장에서는 할인점이 초대형 매장이라 어디에 무엇이 있는지 도통 알 수 없게 되어 버렸다. 다시 말해 쇼핑이 다소 불편해진 것이다.

또 정기적으로 내점고객을 대상으로 설문조사를 해보면 고객 불만

사항 중의 하나가 직원에게 뭘 물어보면 잘 모른다는 내용이다. 이 또한 고객입장에서 보면 상당한 인내를 요하는 대목이다. 매장에 근무하고 있는 직원이 모르면 누가 안단 말인가?

할인점 간 경쟁구도는 과거와는 다르게 치열해지고 직원의 접객수준이 내점에 지대한 영향을 미치고 있는 구조에서 현장에 근무하고 있는 직원 한 사람의 역할은 실로 중요하지 않을 수가 없다.

이래서 필자는 맞춤형 서비스를 본격 실시하기로 하였다. 이는 고객 개인별로 맞춤형 서비스를 제공한다는 개념이 아니라 고객이 매장에서 가장 불편해 하는 사항이 무엇일까라는 측면에서 문제점을 찾아내고 개선책을 세우는 일이었다.

우선 판매사원 채용면접 시에 지점장과 사원의 눈높이를 질문을 통해서 맞추는 일이었다. 그래야만이 매장의 최고 책임자가 뭘 원하는지를 알게 하고, 목표에 대한 공감대 형성이 자연스럽게 이루어지기 때문이다.

둘째, 고객질문 및 안내요청 시 표준 응대멘트 사용이었다. 고객질문에 답하기 전에 고객의 질문내용을 다시 한 번 따라하는 것이다.

가령 고객이 화장실 위치를 물어보면 "고객님! 화장실 말씀이십니까? 네! 화장실은……" 하면서 고객이 원하는 장소까지 직접 고객을 모시고 안내하는 내용이었다.

타 경쟁점과 분명히 차별화되는 멘트이기 때문에 실시 이전보다도 눈에 띄게 달라진 사실은 고객이 뽑은 친절사원이 증가하였고 다음 분기 설문조사 시 이 부문에 대한 고객의 불만이 현격히 감소하였던 것이다.

훈련이 안된 매장의 직원은 고객이 질문하면 "몰라요!" 또는 유쾌하지 못한 행동으로 고객을 안내한다. 심하면 입과 머리로만 안내하기도 한다.

마지막으로 부문간 롤-플레이에 의한 반복숙달 교육으로 경쟁심과 동기부여를 부추기는 것이었다. 잘하는 직원은 시상을 하고 수준 이하인 직원은 지속적, 반복적인 연습을 통해 체화시키는 일을 게을리하지 않았다.

매장을 방문한 고객이 묻거든 고객과 눈을 맞추고 질문을 따라하라! 그리고 가까운 거리까지 직접 모셔 안내하라. 이것이 쇼핑 중 고객이 원하는 바이다.

1등으로 고객을 모시겠습니다

✓ 고객을 안내할 때는 가까운 거리까지 직접 안내하라.
✓ 고객과 대화를 할 때에는 눈을 마주치며 맞장구처라.

10. 고객을 안전하게 모셔라

'소비자 기본법'은 소비자의 기본적 권리를 여러 가지로 규정하고 있는데 이를 소비자의 8대 권리라고 한다[소비자 기본법 제 4조]. 그 첫 번째가 안전할 권리이다.

현장에 근무하다 보면 가끔씩 발생하는 대표적인 안전사고가 여름 철 식중독 사고, 에스컬레이터 안전사고, 유통기한 경과 상품판매 및 원 산지 허위표기 사고가 그 예이다.

잊어버릴만 하면 TV뉴스에 대형 할인점에서 어린이가 에스컬레이터 에서 다친 사건이 보도되곤 한다. 할인점 안전사고로는 대표적이라 할 수 있는데 사고를 당한 어린이 부모는 할인점에서 안전요원을 배치하 지 않아 사고가 발생했다며 할인점 측 안전관리의 소홀함을 성토하기 도 한다.

좋은 일로 홍보해도 갈 길이 바쁜데 나쁜 일로 보도되었으니 그 점포 및 기업에 대한 고객의 이미지는 그 순간 어떠했겠는가? 모르긴 몰라도 그 뉴스를 보고 배신감을 느껴 그 점포나 할인점을 다시는 이용하지 않겠다고 하는 고객도 분명히 있을 것이다.

또한 오래전 모 유통업체에서 유통기한이 경과한 상품을 아르바이트 직원의 실수로 진열대에 진열, 판매하다가 고객에 의해서 언론에 고발되어 TV뉴스를 비롯해 신문에 보도된 사건이 있었다.

이 사건으로 당사자를 비롯한 점포 책임자는 업무상 직, 간접적인 손실은 물론 정신적 고통은 말할 것도 없거니와 해당 점 및 할인점에 대한 고객의 실망감은 대단했고, 이로 인한 매출 손실이 어림잡아 수십억 원대라고 내부적으로 추산한 사건이 있었다. 이 모두가 영업 현장에서 부주의한 업무과실로 발생한 것으로 그 폐해는 실로 엄청나다.

또 다른 예로 여름철만 되면 김밥을 먹고 식중독에 걸리는 사건이 종종 발생한다. 이럴 땐 참 난감하다. 고객은 무조건 김밥을 먹고 배탈이 났고 의사가 김밥에 의한 식중독이라는 소견을 근거로 보상에 대한 강력한 클레임을 제기한다. 어쨌든 발생 원인을 추적하고 분석해 보면 결국은 인재다. 즉, 상처가 난 손으로 김밥을 제조하거나 원부재료 관리부실이 식중독 균 생성의 원인으로 작용할 수도 있는 것이다.

이·마트는 김밥 제조 시 손 소독기 사용은 물론이고 마스크 착용, 제조 후 4~6시간 경과 시 자체 폐기, 개인 위생관리 강화, 환자직원 근무 투입금지, 계란을 비롯한 일부 변질 가능성 있는 재료 첨가금지 조치 등 나름대로 최선을 다하고 있다.

중요한 것은 사전에 발생치 않도록 현장 관리자의 평시 미세관리 자세가 무엇보다 중요하며 일단 발생 시에는 고객입장에서 문제가 확대되지 않도록 적극적이고 주도적으로 해결해야 한다는 것이다. 그렇지 못할 경우 호미로 막을 것을 가래로 막는 격이 되어 엄청난 비용 손실을 초래한다. 따라서 현장에서 예기치 못한 사건이 발생하면 즉시 고객입장에서 경청하고 나타난 문제점을 신속히 개선하는 프로세스를 구축해 나가야 한다.

1등으로 고객을 모시겠습니다

√ 직원의 위생관리를 철저히 하라.

√ 발생된 문제는 고객입장에서 신속하게 조치하라.

11. 아이들에게 좋은 추억을 만들어 줘라

점포창업에 관한 서적을 보면 아이들과 관련한 키즈산업이 유망하다는 얘기가 많이 나온다. 불황기에도 아이들 관련 상품과 업종은 지속적으로 성장한다고 한다.

우리나라 부모의 자녀들에 대한 투자가 타의 추종을 불허할 정도의 지극 정성인 모습은 어제 오늘의 얘기가 아닐 뿐만 아니라 아이들의 구매 영향력도 갈수록 커지고 있다. 어렸을 때 아이들의 생각이나 습관이 성인이 되고서도 의사결정에 상당한 영향력을 미칠 수 있기 때문이다. 이·마트에서는 틈틈이 유치원 아이들에게 현장학습의 시간을 마련해 주고 있다.

주말에 가끔씩 가족끼리 쇼핑도 하고 어린이 놀이터에서 놀기도 하지만 현장학습 시간만큼은 바로 어린이 고객들의 세상인 것이다.

어린이 고객들이 줄을 지어 매장에 들어오면 어린이들이 가장 좋아하는 힘찬 동요를 특별히 준비하여 들려준다. 이때 아이들의 어깨가 들썩거리고 쫑알거리는 모습은 귀여워 미칠 정도다. 일단 아이들이 매장을 방문하면 전 매장을 준비된 동선에 따라 구경시키고 놀이터에서 재미있게 놀게 한다. 또한 쇼핑하는 방법을 알려주기 위해 아이들이 좋아하는 문구매장에서 상품을 고른 후, POS 계산대에서 질서 정연하게 줄을 서서 계산하도록 한다.

이 현장학습을 통해서 아이들은 상품을 사는 즐거움과 질서의식을 동시에 배우는 것이다. 또한 체험학습 후, 방문 답례품으로 아이들이 좋아하는 음료수와 선물을 제공하고 나면 아이들은 가는 곳마다 "나 이·마트에 갔다 왔다"는 말을 엄마, 아빠, 친구들에게 자랑스럽게 얘기하고 다닌다. 바로 이들이 미래의 충성고객인 것이다. 가끔씩 고객들의 말을 들어보면 엄마들이 이·마트에 쇼핑만 가면 얘들이 따라 나선다고 한다.

요즈음 음식점 경쟁력 강화전략 중의 하나가 매장의 대형화이다. 따라서 웬만한 음식점은 어린왕자, 공주들을 위한 놀이터가 거의 완비가 되어 있을 정도로 어린이 고객 모시기에 정성이 지극하다.

'세 살 적 버릇 여든까지 간다'는 말이 있다. 분유회사가 신생아에게 분유를 선제적으로 제공하기 위해 산부인과를 대상으로 벌이는 치열한 판촉전도 신생아 때 어떤 분유를 먹고 자랐는지가 향후 성장기 유아들의 분유 선호에 지대한 영향을 미치기 때문이다.

1등으로 고객을 모시겠습니다

√ 아이들은 미래의 충성고객이다.
√ 아이들의 오감자극으로 재방문을 유도하라.

Operation guide

점포생존의 핵심열쇠는 고객이다.
따라서 고객이 없으면 판매도 없고, 점포의 흥망을 위협하기 때문
에 소매점의 점포 마케팅은 고객 존귀함의 인식에서 시작된다.

√ 고객의 요구는 기업의 내부규정보다 상위법이다.
√ 고객의 소리를 다양한 채널을 통해서 적극 경청하고 조치하라.
√ 최상의 마케팅은 고객이 뭘 원하는지 파악하고, 실행에 옮기는 것이다.
√ 고객의 1분을 소중히 하라.
√ 고객과 함께하라. 그러면 점포는 지속적으로 성장한다.
√ 고객에게 끊임없는 정보제공과 관계의 끈을 만들어라.
√ 고객과의 약속은 반드시 지켜라.
√ 이벤트는 매장의 활력과 점포의 지속성장을 가능하게 한다.

Chapter

2

고객만족 서비스는
점포 경쟁력의
근간

1. 친절서비스는 모든 영업의 기본

언젠가 신문에서 공군사관학교를 졸업하고 공군 전투기를 조종하는 여성 파일럿에 대한 기사를 읽은 적이 있다. 대한민국 신체 건강한 남성이라면 한번쯤 해보고 싶은 전투기 조종사. 잠시 옛날 학창시절을 회상하며 여성 파일럿 사진을 보았다. 아, 교육의 힘이 참 대단하구나! 4년 동안의 대학 캠퍼스 생활을 마친 20대 젊은 청년들이 취직도 잘 안되는 상황에서 힘든 사관학교 생도생활을 마치고 대한민국 영공을 지키는 자랑스러운 여성 파일럿이 되었으니 말이다.

가끔 사람을 만나 보면 참 친절이 몸에 밴 사람이라 의도적으로 꾸며진 모습이 아닌 말 그대로 태어날 때부터 체화된 모습처럼 일관성 있게 생활하는 사람들이 있다.

그러나 대부분의 사람들은 후천적 노력, 즉 교육훈련의 과정을 거쳐

재탄생된다. 친절이란 과연 무엇일까? 한마디로 정의하기가 참 어려운 말이다. 그러나 친절의 기본정신이 타인에 대한 배려의 마음이라고 한다면 소매업의 종사자가 추구해야 할 방향은 바로 이것이 아닌가 싶다.

최근 한 가전 전문 유통점의 CS경영에 관련한 NPS(고객추천지수) 조사결과를 보면 타인의 추천사유 중 절대 다수의 1위가 매장 직원이 친절해서, 둘째 가격이 저렴해서, 셋째 상세한 상품설명, 넷째 배송기사의 친절이라고 답변한 사실만 보아도 대면판매를 하고 있는 매장에서 재내방을 유도할 수 있는 직원의 접객자세가 얼마나 중요한지를 다시 한번 확인할 수 있다.

서비스 경영의 전도사라 소문난 삼성석유화학의 허태학 사장은 에버랜드 대표이사 시절, "고객이 왕이던 시절은 끝났다. 고객은 이제 우리의 동료이자 파트너"라고 강조했다.

"고객이 왕이면 결국 고객과 직원은 왕과 신하라는 수직적 관계일 수밖에 없다. 따라서 경직되고 굴욕적인 서비스만 제공된다"고 했다. "진정한 서비스는 마음에서 우러나와야 하고 그래야만 자율적이고 창의적인 서비스가 나오게 된다"고 강조했다.

할인점에서 고객이 불편해하는 내용을 조사해 보면, 직원한테 뭘 물어봤을 때 "담당이 아니라서 잘 모르겠다" "온 지 얼마 안되서 모르겠다"는 등의 부정적 답변이나 "왜 이렇게 얼굴이 무표정이냐"는 등의 불편 사항이 많이 접수된다.

이·마트는 고객의 소리라고 하면 한마디로 꾸벅 죽는다. 즉, 고객만족경영을 현장에서 적극 실천하기 위해서는 고객의 불편사항을 지속적으로 개선, 조치해 나가는 것이다. 바로 이런 부분을 개선하기 위해서 아르바이트일지언정 지점장이 직접 사원 면접을 통해서 채용을 결정한다.

그리고 직원에 대한 지속적인 현장 OJT 교육이 이어진다. 여기에 적합한 교육 콘텐츠를 점포의 최우선 개선과제와 연계하여 실행하는 것이다. 지루하지 않으면서 재미있게 체화하는 것은 롤−플레이 만한 것이 없다. 교육은 이론보다 실습형 체험교육이 효과가 뛰어나기 때문이다.

각 팀별로 가장 시급히 개선해야 할 상황별 서비스 과제를 도출하고, 바람직한 개선 방향을 역할 연기를 통해서 멤버들과 공유하는 일련의 활동을 자연스럽게 경험하게 하는 것이다.

또한 친절사원을 고객으로부터 추천을 받아 공개적으로 시상을 하여 동기부여 및 자발적 참여를 유도하는 활동도 매우 중요하다.

결국 '칭찬은 고래도 춤추게 한다' 라는 말이 말해주듯이 몸에 체화된 직원의 친절접객은 업에 적합한 직원채용과 점포에 대한 고객이 원하는 가치를 함께 도출하고, 개선 내용을 재미있는 교육 프로그램으로 연계하여 체화시키고 잘하는 직원에 대해서는 적극적인 지원과 동기부여가 선행될 때 가능한 일이다. 타인에 대한 배려의 마음! 몸에 밴 직원들의 자연스러운 친절접객! 이것이 곧 점포경쟁력의 근간이다!

100번 잘해도 한 번 실수하면 고객은 잘 못한 것만 기억할 뿐 잘 한 것에 대해서는 기억을 잘 못한다고 한다. 따라서 서비스는 하나부터 100까지 일관성을 가지고 모든 멤버가 동일한 수준으로 체화될 때까지 지속적으로 실행되어야 한다.

접객 7대 기본 용어

1. 어서 오세요. 고객님!
2. 잠시만 기다려주세요.
3. 죄송합니다만,
4. 오랫동안 기다리셨습니다.

5. 안녕히 가세요.
6. 감사합니다.
7. 또 들러주세요.

고객만족 서비스는 점포 경쟁력의 근간이다

√ 서비스에서 '100-1=0' 이다.
√ 100번 잘해도 한 번 실수하면 고객은 불만족스러운 것만
기억한다.

〈 고객만족 및 불만족 서비스 영향도 〉

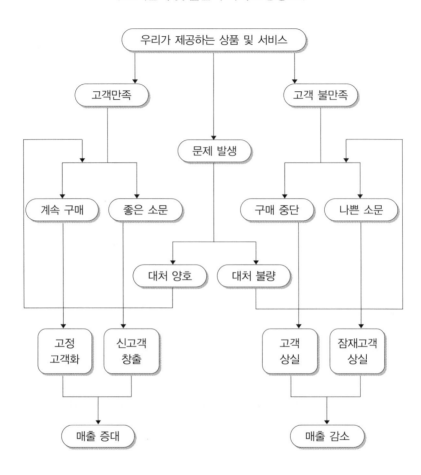

2. 전화응대 잘하는 매장이 일류매장

"1등으로 모시겠습니다."

"친절하게 모시겠습니다."

"더욱 정성을 다해 모시겠습니다."

"최저가격으로 모시겠습니다."

"깨끗한 공기로 모시겠습니다."

"새롭게 모시겠습니다."

이 말들은 일부 기업의 접점에 있는 직원들의 전화응대 시 사용하는 첫인사 멘트이다. 서비스를 핵심가치로 삼고 있는 대부분 기업의 공통점은 하나같이 '모시겠다' 는 멘트를 사용한다. 그만큼 고객의 중요성은 아무리 강조해도 지나침이 없는 듯하다.

요즈음은 대부분의 기업에서 고객만족경영이 매우 중요한 고객가치

중의 하나여서 상당한 수준에서 교육하고 운영되고 있는 것이 현실이다. 그러나 아직도 눈살을 찌푸리게 하는 것이 접객의 기본이다. 즉 친절한 인사, 청결한 매장관리, 매력 있는 용모 및 복장관리, 마지막으로 전화응대이지만 기본에 충실하지 않은 아마추어 모습을 가끔 현장에서 본다. 전화응대 요령은 상세하게 안내되어 있는 책이나 매뉴얼이 시중에 많이 나와 있기 때문에 각론적인 얘기는 생략하기로 한다.

최근 들어 글로벌 스탠더드를 추구하고 있는 회사는 얼굴 없는 목소리가 곧 그 회사의 최대 접점이라는 인식으로 상담이나 교환을 주 임무로 하는 직원들의 전화응대는 외형적으로는 상당한 수준에 올라와 있다.

문제는 대표전화가 아닌 현장 고객접점 부서 직원들의 전화응대 시 기본예절이다. 대표전화와 동일한 수준에서 전화응대가 이루어지고 있는 곳은 한마디로 초일류 기업임에 틀림없다. 초일류 기업은 어느 날 갑자기 탄생하는 것은 아니다.

골프여제 박세리가 미국땅 이역만리 타국에서 1승도 하기 어려운 LPGA에서 20승 이상을 할 줄 누가 알았겠는가? 포기할 줄 모르는 인내력과 지속적인 연습만이 가능하게 만들었던 것이다. 처음부터 잘하는 사람은 없다.

필자가 현장에서 매장 책임자로 근무하던 시절, 이·마트는 고객 최대접점인 전화응대 수준을 높이기 위해서 전문 용역회사에 의뢰해 전점의 전화응대 수준을 분기별로 조사해 관리해 왔다.

1등부터 꼴등까지 발표하여 하위 10% 점포나 전 분기 대비 하락한 점포에 대해서는 익월 지점장회의 시 개선 대책을 발표하게 하는 등 강도 높은 활동을 취하였고 지금도 그 활동을 계속하고 있을 정도로 그 의지가 대단하다. 또한 매장은 지점장 책임 하에 자체 교육과 롤—플레이 경진대회를 통해 집중 개선 포인트를 설정하여 대표전화뿐만 아니라 전 직원이 동일한 수준에서 전화응대될 수 있도록 강도 있는 현장 OJT 교육을 실시하였다.

역시 교육의 힘은 대단하였다. '안되면 되게 하라' 는 말도 있듯이 전화응대 수준은 지속적인 교육과 철저한 실행관리, 정기적으로 외부기관의 평가를 통해 진가가 발휘되었다.

어떤 전화든 호감 가는 전화응대의 핵심 포인트는 맑고 명랑한 목소리로 첫인사와 마무리인사를 깔끔하게 하는 것이다.

"최저가격으로 모시겠습니다. 감사합니다. 좋은 하루 되세요."

현장 테스트 결과 대부분 첫인사는 잘하고 못하고 여부와 관계없이 거의 실시하고 있으나 문제는 전화통화 후 마무리인사 실시율이 50% 안팎의 낮은 수준이었다. 이러니 고객보다 전화를 먼저 끊는 실수를 하게 되는 것이다.

이 부분을 집중적으로 개선하기 위해 필자는 첫 분기 테마를 사원들에게 많은 것을 요구하기보다 첫인사와 마무리인사를 확실히 하기를 요구했다. 결과는 전화응대 부분 전 사 1위! 역시 꾸준히 하면 개선된다는 사실을 다시 한 번 느끼게 하였다.

다음으로 전화 연결 시 응대방법 및 자세였다. 유통업은 업무 특성상 외부고객으로부터 전화가 참 많이 온다. 상품과 서비스 불만은 이루 헤

아릴 수 없이 많은 내용이 인터넷과 전화로 접수된다. 이때 담당자 및 책임자와의 전화 연결 요청 시 중간에 끊어지거나 돌리고 돌려서 통화도 제대로 못하고 본질적인 클레임 내용은 사라진 채 전화응대 예절로 클레임 방향이 선회하는 경우가 종종 있다.

그래서 전화 접점에 있는 직원 중심으로 롤—플레이를 통해서 집중 개선하였다.

"잠시만 기다려 주세요. 연결해 드리겠습니다. 혹시 끊어지면 ○○○번으로 전화하거나 또는 ○○○씨를 찾아주세요. 감사합니다. 좋은 하루 되세요!"

얼마나 매끄럽고 쉬운 멘트인가? 용어는 기본적으로 다 안다. 문제는 실천이다. 지속적인 자체 모니터링을 통해서 도달 목표를 설정하고 수준 미달인 사원은 별도의 시간을 마련하여 집중적으로 OJT 하였다.

지속적으로 포기하지 않고 개선점을 분명히 하여 추진하니 결국 좋은 성과를 얻게 되었다. 전화응대 중요성은 아무리 강조해도 지나치지 않는다.

전화벨 1번 울릴 때 받는 회사 1류 회사!

전화벨 2번 울릴 때 받는 회사 2류 회사!

전화벨 3번 울릴 때 받는 회사 3류 회사!

여러분은 1류가 되길 원하십니까? 그러면 호감이 가는 전화응대를 바로 지금 실천하세요.

전화응대 시 주의해야 할 표현

√ 여보세요? 네?

√ 모릅니다.

√ 뭐라고요?

√ 제가 담당이 아니라서 잘 모르겠는데요.

√ 그건 안됩니다.

√ 없습니다.

√ 기다리세요.

√ 할 수 없습니다.

√ 그런데요?

√ 무슨 일로 전화하셨어요?

√ 아까 말씀 드렸잖아요.

고객만족 서비스는 점포 경쟁력의 근간이다

√ 첫인사, 마무리인사 멘트사용은 전화응대의 기본이다.

√ 항상 밝고 명랑한 목소리로 고객과 대화하라.

3. 청결한 복장은
고객 신뢰감의 원천

오래전 예비군 훈련을 받던 시절이다. 당시 우스갯소리로 회자되고 있던 일화 중의 하나가 왜 예비군복만 입으면 멀쩡한 신사도 아무데나 소변을 보는지 궁금해 하던 사람에게 나름대로 철학을 가지고 얘기하던 시절이 생각난다.

경찰제복을 입으면 사람이 근엄해지고 경찰관같은 언행을 하기도 한다. 요리사 복장을 하면 요리사가 된 듯한 언행을 하기도 한다. 이것이 제복이 갖고 있는 대표적 상징성의 하나이다. 그러니 흐트러진 경찰제복을 입은 경찰관에게 신뢰가 안 가는 것은 두말 할 필요가 없다.

필자가 대학생 시절 성남에 있는 문무대에서 병영훈련을 받고 있을 때이다. 휴일 학과 출장 이동 중 훈련병의 흐트러진 이동 모습을 보고 사복 차림의 한 신사가 인솔장교에게 즉시 연병장으로 모일 것을 지시하였다. 잠시 후 그 신사는 대령계급장이 선명한 전투복 차림의 지휘관으로 나타났다. 비록 본인이 휴일이어서 개인적 용무로 사복을 입고 있었지만 지휘관으로 돌아와서는 군령이 서는 복장을 하고 바람직하지 않은 훈련병의 이동 모습에 대해 일장 훈시를 한 기억이 난다. 사복 모습보다는 훨씬 더 기풍과 위엄이 있는 모습이었다.

국내의 한 여론조사 기관에서 수도권 주부 200명을 대상으로 옷차림과 그 사람의 평가에 대한 상관관계를 조사했다. 그 결과 옷차림에 따라 사람에 대한 평가가 달라진다는 데에 86%가 동의했다. 특히 5명 중 1명은 매우 달라진다고 응답했고, 학력이 높을수록 '그렇다' 고 생각하는 경향이 더 강하게 나타났다.

복장에 대한 재미난 실험이 또 있다. 100명에게 상류층이 착용하는 양복과 넥타이, 구두 그리고 액세서리를 착용하게 한 후 비서에게 타이핑과 복사를 부탁하는 것이었다. 이 경우 약 84%가 10분 이내에 업무를 끝냈다. 나머지 16%는 비서가 타이핑에 서툴러 업무를 빨리 끝내지 못했을 뿐이었다. 동일 인물에게 중산층으로 보이는 옷차림을 입게 한 후 비서에게 타이핑과 복사를 부탁하자, 약 2~3배의 시간이 더 걸렸다고 한다.

복장이 주는 위력은 레오나르도 디카프리오가 열연한 〈캐치미 이프 유 캔〉이라는 영화에서도 잘 묘사되어 있다. 18세의 미성년자임에도 불구하고 항공사 부조종사의 복장을 하고, 사기행각을 벌이고도 붙잡히지 않는 장면은 제복의 위력이 시사하는 바가 매우 크다고 할 수 있다.

우리가 복장 또는 유니폼 하면 멋지고 맵시 있게 차려 입은 것만 생각할지 모른다. 그러나 서비스업의 통일된 복장이라는 것은 단순히 옷 이전에 고객이 가지고 있는 그 기업(점포) 이미지 이상의 또 다른 의미가 내포되어 있는 것이다. 항공사 승무원의 유니폼은 세계적으로 유명한 디자이너에 의해 제작된다는 사실만 보아도 직원의 프라이드와 기업의 이미지 형성에 지대한 영향을 미친다는 사실을 알 수 있다. 보통 할인점 식품매장의 유니폼은 흰색이다. 이는 먹는 것이니만큼 옷 색깔처럼 위생적이며 청결하게 고객을 모시겠다는 의미인 것이다. 청결하지 못한 복장을 한 직원을 어느 고객이 신뢰한단 말인가? 고객은 각자 나름대로의 기준과 가치에 준거해서 그 사람과 점포를 평가한다.

필자는 이·마트에 있을 때의 버릇이 남아 있어 시중에서 파는 김밥에 아직도 잘 적응을 못하고 있다. 김밥 제조 과정의 위생에 대한 확신이 없기 때문이다.

이·마트는 내 가족이 먹는다는 생각으로 김밥 제조 시 더욱 청결하고 위생적으로 관리하기 위하여 제조 직원들은 반드시 위생모, 마스크, 양손의 위생장갑, 손소독기를 사용한다.

또한 제조한 지 4시간(여름철)이 지나면 자체 폐기할 정도로 철저히 상품관리를 하고 있다. 그만큼 이·마트의 김밥은 위생적으로 고객의 신뢰를 받고 있는 것이다. 물론 요즈음은 대부분의 할인점이 동일한 수준에서 오퍼레이션 되고 있다. 그러나 일반 시중은 어떠한가? 모르긴 몰라도 위생모와 마스크를 착용하고 김밥을 만드는 곳은 그렇게 많지 않다.

따라서 깔끔하고 깨끗한 유니폼의 의미는 단순히 옷을 입고 있는 것이상으로 그 점포나 직원에 대한 호감과 신뢰를 줄 뿐만 아니라 자기 자신에게도 자존감을 줄 수 있는 장점이 있다. 한 조사보고에 의하면 사람의 첫 이미지는 55%가 눈에 보이는 것에서 결정 난다고 한다. 이는 접점에서 15초 만에 그 사람의 이미지를 결정한다는 것과 일맥상통한 얘기이다.

좋은 인상과 용모, 복장의 상태가 그 사람의 이미지와 호감도에 지대한 영향을 미치는 것은 어쩔 수 없는 일이다. 오죽했으면 옷 입는 것도 전략이라고 했겠는가?

벤처기업이 밀집해 있는 테헤란로 인근에는 오랜 전통으로 이름난 음식점들이 있는데 그 중에 탕집으로 유명한 음식점의 카운터를 보는 주인은 항상 갈 때마다 정장 차림으로 고객을 맞이한다.

손님이 많아 음식을 직접 나를 때에도 넥타이 차림의 서빙이 뭔가 달라 보이고 신선해 보였다. 그래서인지 이 집을 이용하는 고객은 서비스도 좋고 매우 위생적이고 전체적인 이미지도 깔끔하다는 칭찬을 아끼지 않는다. 이런 모습이 그 집에 맛 다음으로 고객을 끌어들이는 원동력이 되고 있는 것이다.

고객만족 서비스는 점포 경쟁력의 근간이다

✓ 유니폼은 항상 깔끔하고 청결하게 착용하라.
✓ 유니폼은 직원에게 자신감과 자긍심을 갖게 한다.

4. 조건 없는 100% 교환·환불

　신세계가 오래전 미국의 프라이스클럽(회원제 창고형 할인점. 현 코스트코 홀 세일)과 업무제휴를 통해 센세이션을 불러일으켰던 내용 중의 하나가 바로 교환·환불제도였다. 당시만 해도 고객이 구입한 상품을 구입처에서 고객이 원하는 대로 교환하거나 환불하는 것은 웬만한 강심장이 아니고서야 거의 불가능한 일이었다.

　이것이 오늘날 이·마트의 100% 교환·환불제도의 근원이 되었으며 지금은 거의 모든 할인점이 이 제도를 도입하여 운영하고 있을 정도로 보편타당한 서비스 제도가 되었다.

　우리가 재래시장이나 일반 시장보다 제도화된 최첨단 시설의 할인점을 이용하는 것도 사실 부담 없이 교환·환불을 할 수 있기 때문이다. 아마 백화점보다 더 친절하고 신속하게 처리해 주고, 적어도 할인점에서는 교환·환불로 인해 논쟁까지 이어지지 않기 때문일 것이다. 그러나 백화점은 아직도 브랜드나 코너의 매출 취소 때문에 고객과 매장에서 실랑이를 벌이는 경우가 간혹 있어 자체적으로 운영하고 있는 소비자 보호센터에서 합의를 보는 경우가 종종 있다.

가끔씩 교환·환불을 해주는 백화점 측이나 고객 모두 기분이 유쾌하지 않은 상태에서 마무리되는 경우가 있다. 모르긴 해도 할인점의 100% 교환·환불제도가 고객으로 하여금 동네 슈퍼나 재래시장을 기피하고 할인점의 충성도를 높이는 데 큰 역할을 하고 있다 해도 과언이 아니다. 또한 이 제도는 고객이나 할인점 측이나 이제는 더 이상 고민할 내용이 전혀 아닌 보편타당한 수준의 서비스로 운영되고 있다고 할 수 있다. 이처럼 할인점의 최대 강점은 고객이 구입한 상품에 대해서 언제, 어디서든 교환·환불이 가능하다는 것이다. 그러나 종종 음식점을 이용하다 보면 고객이 불만족스러워하는 음식에 대해서 뭘 그런 것 가지고 그러냐는 투의 불친절한 종업원의 태도를 볼 수 있다.

서비스 천국에 살고 있는 이 시대에 남보다 앞서가기 위해서는 상식적인 행동으로 고객을 모셔야 한다. 지체 없이, 기쁜 마음으로 "네, 고객님 죄송합니다" "다른 음식으로 바꿔 드리겠습니다" 하는 멘트가 종업원들에게 습관화되도록 훈련이 되어야 한다.

이것만이 치열한 경쟁 속에서 살아남을 수 있는 대안이 될 수 있음은 두말하면 잔소리이다.

고객만족 서비스는 점포 경쟁력의 근간이다

√ 구입한 상품이나 서비스에 불만족이 있으면 고객이 원하는 대로 신속히 조치하라.

√ 장사를 잘 하려면 고객이 기분 좋게 100% 교환 · 환불이 가능한 시스템을 만들어라.

5. 영수증으로 고객을 집객하라

요즈음은 마일리지(포인트) 제도가 재구매를 유도하는 것이 일반화되어 있는 고객혜택 프로그램이지만 오래전 모 항공회사에서 고객관리 차원에서 운용되고 있는 마일리지 혜택을 축소한다는 발표가 있었다. 그러자 이용고객들이 강한 불만을 제기했고, 공정거래위원회에서 문제가 있음을 해당 회사에 통보하여 시정명령을 내린 적이 있었다.

마일리지 제도는 상당수의 판매점과 서비스 회사에서 고객을 집객하기 위한 수단으로서 고객들에게는 일반화되어 있는 서비스 제도 중 하나가 되었다. 무슨 업종을 하든 마일리지 제도는 필수적으로 도입해야 하는 마케팅수단으로 인식되어 버린 것이다.

현재 필자의 지갑에는 미용실, 서점, 주유소 마일리지 카드가 들어있다. 특히 주유소 카드는 주유소뿐만 아니라 서점, 할인점에서도 매우 유용하게 사용하고 있다.

이 제도는 일반고객의 재구매율을 높여 고정고객으로 만드는 핵심적 마케팅 수단이다. 이·마트 고객만족센터에서는 다른 할인점보다 앞서 고객이 물품을 구입한 영수증으로 평소 본인이 후원하고 있는 단체에 적립을 요청하면 해당 단체에 마일리지를 적립하고 분기별로 정산하여 필요한 재원을 지원해 주고 있다. 어떤 단체는 반상회 때 주민들이 버리는 영수증을 일일이 수거하여 적립을 요청하는 곳도 있다. 그만큼 할인점의 마일리지 제도를 잘 활용하고 있으며, 또한 그 단체 관련 고객들도 자주 내점하는 경향을 보이곤 한다.

이·마트에서 종전에는 영수증을 단체함에 넣고 정산하는 불편함을 전자식으로 바꾸어 고객도 직원도 편리하게끔 운영시스템을 개선하였더니, 고객의 반응이 매우 호의적인 것으로 확인되고 있다.

외국계 할인점에서도 당초에 없는 제도이지만 현지화 전략으로 사용했을 정도였지만 운영 시스템은 한 수 아래였다. 또한 이·마트 제휴카드에 마일리지가 적립되면 적립액 5,000원 초과 시 상품권으로 교환해 주는 제도가 있으며, 지금은 대부분의 할인점이 이런 카드정책을 마케팅 수단으로 활용하고 있다.

결국 할인점의 상권은 갈수록 좁아지고 할인점 간 경쟁은 치열해지고 상품과 가격의 차별화는 한계에 도달할 정도로 경영 환경이 악화되고 있다.

이때 고객과의 지속적인 관계형성이 무엇보다도 중요하다. 고객은 매우 지혜롭게 쇼핑한다. 즉, 자신에게 혜택이 오지 않으면 다른 곳으로 찾아 나선다. 필자도 구내식당을 이용하지 않을 때는 점심 때마다 어디가서 뭘 먹을까 고민된다. 영업 환경이 갈수록 어려워지고 있지만 정말 중요한 것은 한번 온 고객을 다시 오게 만드는 전략이다. 내매장을 이용하는 고객의 Needs와 Wants에서 답을 구한다면 문제는 깔끔히 해결되리라!

고객만족 서비스는 점포 경쟁력의 근간이다

✓ 한번 방문한 고객 다시 오게 하려면 마일리지 제도를 적극
  활용하라.
✓ 지역사회와 함께하면 점포는 지속적으로 성장한다.

6. 계산착오 보상제

할인점에서 제일 수고를 많이 하는 인력 중의 하나가 캐셔이다. 이·마트 캐셔는 종전에는 대부분 파트타이머 신분으로 근무하는 주부사원이었지만 지금은 전 직원이 정직원들로 구성되어 있다. 보통 하루 평균 8시간 내외의 업무를 계산대에서 교대로 하게 되는데 접객하랴, 계산하랴 상당히 분주한 곳이다.

필자도 계산대가 밀릴 때 현장에서 계산업무를 지원하곤 했었는데 숙련도가 떨어지다 보니 가끔씩 돈을 더 받거나 덜 받아 마감 시 과부족이 발생하기도 했다. 물론 고객이 돈을 더 받으면 아무 얘기 안 하다가 잔돈을 덜 받으면 바로 항의성 클레임을 제기한다.

이런 고객을 위해서 이·마트에서는 '계산착오 보상제' 라는 제도를 시행하고 있다. 매장에 표시되어 있는 가격표와 계산 시 바코드 상의 가격이 상이한 '쇼 카드 오류'나 '라벨 오류' 또는 캐셔가 계산 시 오류로 발생한 '캐셔 오류' 등 고객에게 불편을 끼쳐 드리는 내용이 무엇이든 확인만 되면 가격정정과 함께 즉시 상품권 5,000원을 보상해 주고 있다. 어떤 경우에는 상품가격보다 계산착오 시 보상을 받을 금액이 더 많아 역마진이 되는 경우도 가끔씩 발생하지만 이·마트에선 이미 고객과 약속한 제도이기 때문에 즐거운 마음으로 보상을 해주고 있다.

이런 제도가 있는지도 모르는 고객에게는 고객께 먼저 죄송하다는 말씀을 정중하게 드리고 고객만족센터에서 상품권을 받아가도록 안내하기도 한다. 대부분의 고객은 미안해서 어쩔 줄 모르고, 일부 고객은 일부러 "그런 거 아니니까 그냥 갈래요" 하는 등 현장에선 고객만족경영의 실천적 활동을 고객이 피부로 느끼고 있을 정도이다.

모든 일이 그러하듯이 진실된 행동은 언제나 승자가 된다. 따라서 내가 한 행동의 잘못된 부분을 먼저 인정한다는 것은 발걸음 돌린 고객을 언제든지 내 매장으로 돌아오게 할 수도 있다. 이것이 이·마트식 고객만족경영의 핵심 포인트이다.

고객만족 서비스는 점포 경쟁력의 근간이다

✓ 고객을 불편하게 했다면 즉시 사과하고 보상, 개선하라.
✓ 보상은 빠르면 빠를수록 좋다.

7. 음악은 매장의 활력소

음악은 천사의 언어라고 했던가? 국내 진출 5년 만에 테이크아웃 커피 시장을 장악한 스타벅스는 매장에서 방송되고 있는 음악을 CD로 제작하여 음악을 사랑하는 고객에게 스타벅스 CD를 판매한다. 이 정도로 매장 영업에 있어서 음악의 중요성은 아무리 강조해도 지나침이 없다. 또 과거 백화점에서도 요일 마케팅이다, 음악 마케팅이다 하여 매장 내에서 시간대별로 음악 프로그램을 편성하여 고객에게 들려주기도 하였다.

또한 젖소를 키우는 목장에서도 음악을 틀어 주면 훨씬 더 양질의 우유 생산이 가능하다는 연구결과가 발표되는 등 음악과 양질의 우유 생산에도 분명한 상관관계가 있는 것으로 추측된다.

물론 고객이 좋아하는 최신 음악을 실시간으로 공개 장소에서 방송

되는 것 자체가 관련법 적용 시 다소 문제가 있기는 하지만 점포 영업에서 음악의 중요성을 알고 이를 전략적으로 활용하는 것은 이미 보편화되어 있다. 점포의 책임자는 매장의 상황과 일기 및 내점 고객을 고려하여 음악을 적절하게 코디할 줄 알아야 한다. 필자가 지점장으로 근무할 때에는 틈틈이 전날 일기예보 상황을 보고 비나 눈이 오는 날에는 관련 음악을 사전에 준비하는 등 당일 일기에 맞는 고객의 기분을 적절하게 조절하곤 했다.

또한 통상 매장이 바쁠 때는 빠른 음악을, 한가할 때는 느린 음악을 틀었다면 필자는 오히려 오전에 한가할 때에는 빠른 템포의 음악을, 바쁠 때에는 숨고르기 음악을 적절하게 배합하여 쇼핑의 편안함과 즐거움을 제공하였다.

영업 활성화가 필요할 때에는 "고객을 가장 편안하고 즐겁게 하는 것이 뭘까?" 라는 측면에서 생각해 보자. 인상 쓰고 있는 모습보다는 웃는 얼굴에 침 못 뱉는다고 밝고 명랑한 얼굴을 가지고 있는 사람에게 호감을 느끼는 것은 당연하다. 음악만큼 사람을 즐겁고 명랑하게 만드는 것이 어디 있을까?

점포 영업 잘하는 방법! 진리는 늘 가까운 곳에 있는 법이다. 음악을 통한 고객의 감성 자극으로 이왕이면 신나고 살맛나는 음악! 큐~

고객만족 서비스는 점포 경쟁력의 근간이다

√ 음악은 매장을 활기차게 해 고객의 구매율을 높게 만든다.
√ 때와 상황에 맞는 음악을 준비하라.

8. 주차장은 내점객 확대의 핵심

영업하면서 매출을 올릴 수 있는 방법은 실로 다양하다. 통상 간단한 편의용품이나 스낵가게가 아닌 이상 구매단가 상승을 통해 매출을 올리고 싶으면 반드시 제대로 된 주차장이 확보가 되어야 한다. 가끔씩 영업이 잘되고 있는 점포를 보면 주차의 편리성 및 주차 대수가 곧 그 점포의 경쟁력이라는 것은 주말 영업을 통해서 느낄 수 있다.

고객을 무작정 기다리게 하거나 주차장이 만차가 되어 되돌아가는 현상이 지속되면 고객은 절대로 두 번 다시 내점하지 않는다. 왜냐하면 불편하기 때문이다. 또한 고객이 주차하는데 편리하도록 주차요원들의 교육도 병행되어야 한다.

최근 들어 매장에 여성 운전자 고객들이 증가하고 있다. 주차에 서투른 여성 고객들이 편안하게 주차할 수 있도록 안내 직원 및 표지판이 배치되어야 하며 점검을 게을리해서는 안된다.

요즈음에는 대형 전문 음식점과 가전 전문점 등 로드샵에 가보면 고객이 원하는 것이 무엇인지에 대한 명확한 개념이 정립되어 있는 것이 바로 주차장이다. 고객을 끌어들이기 위해서 주차장 확보는 필수적인 수단으로 인식하고 있다.

최근 이·마트 은평점에서는 대대적인 리뉴얼을 추진하는 과정에서 고객확대와 내점고객의 주차편리성을 도모하기 위해서 주차대수를 100대 확장한 이후 주변 경쟁상권의 고객들이 많이 회귀했다는 사실만 보아도 차량을 이용하는 고객들의 점포선택 가치 중의 하나가 바로 주차의 편리성이라는 사실이 다시 한 번 입증된 셈이다.

필자도 가끔 가족과 식사를 하러 갈 때 일단 주차장이 없으면 안 간다. 불편하기 때문이다.

자동차 1,700만 대 시대에 살고 있는 지금, 점포 영업의 핵심은 주차장 확보 및 편리성이다. 자동차 고객 1명이 구매단가가 낮은 고객 10명을 커버할 정도로 비중이 커졌다. 주말에 백화점이나 할인점을 이용하다 보면 주차 요원이 아닌 스태프 직원들이 주차 안내를 하는 이유도 바로 여기에 있는 것이다. 주차장이 곧 점포의 경쟁력이고 수익의 근원이다.

장사가 잘되기를 원하거든 주차장 시설 및 운영 상태부터 점검해 보는 것은 두말하면 잔소리이다.

〈할인점 내점고객 불편사항 설문조사〉

구분	상품구색	주차장	가격	품질	판매사원	불친절
%	15.5	10.5	8.8	3.4	2.7	9.8
구분	대중교통	편의시설	카트 이용	계산대	매장 안내	기타
%	9.8	3.4	3.7	14.2	2.7	15.5

고객만족 서비스는 점포 경쟁력의 근간이다

√ 주차장은 고객을 매장으로 쉽게 오게 하는 핵심요소이다.

√ 주차장이 객수와 구매단가를 결정한다.

9. 고객은 쇼핑만 하지 않는다

　요즈음 많은 기업들이 고객만족경영의 중요성을 더욱 강조하고 있다. 그런데 고객만족경영 하면 너무 어렵게들 생각하고 있는 것 같다. 이는 한마디로 고객의 불편함을 제거하여 영원한 고정고객으로 만들자는 것이다.

　점포에 근무하다 보면 고객들의 욕구가 무한하다는 것을 느낀다. 큰 것을 요구하기보다는 가장 기본적인 것을 요구한다. 문제는 그 욕구를 적극적으로 조치할 것인가 말 것인가 그 차이가 결국 매장경쟁력의 원천이 된다는 것이다.

　특히 매장이 대형 평수일수록 고객의 욕구는 더욱 강하다. 일단 눈에 잘 띄지 않고 또한 있다 하더라도 이동거리가 멀기 때문에 불편한 것이다.

이런 편의시설의 관리 포인트는 단순히 그 자리에 존재하는 것뿐만 아니라 역할이다.

〈점포 내 편의시설 체크 포인트〉

구분	체크 포인트	위치
공중전화	고장여부 안내, 메모지, 필기구, 낙서금지 판넬	층별 주요 접점
휴게의자	안정성 여부, 파손여부, 청결여부, 부족 수량	층별 빈 공간 다수
어린이 놀이방	청결, 안전성, 이용안내 게시물	완구매장 인근
현금인출기	고장여부 안내, 긴급 CALL 작동	층별 주요 접점
쇼핑카트	충분한 물량, 고장 여부, 카트 내 오물 제거	주 진입로
동전교환기	작동여부, 고장시 안내	카트 보관대 주변
물품보관대	내부 청결상태, 고장시 안내, 작동 여부, 고지물	주 진입로
자율포장대	빈 박스 물량, 각종 소도구 준비, 청결	POS 인근
수유실	청결(소도구, 침대, 침구류, 타월, 휴지통 등)	유아복 매장 인근
유모차 외	충분한 물량, 청결, 고장 여부	고객만족센터

가령 점포의 고객만족의 관리수준이 어느 정도인지는 고객들이 평상시에 즐겨 사용하고 있는 편의시설 운영실태만 모니터링해도 금새 파악된다.

아직도 매장에서 가장 고객이 많이 사용하고 있는 편의시설의 핵심 관리 포인트를 모르는 관리자가 많이 있다. 즉, 이는 고객 접점에서 고객이 진정으로 원하고 있는 고객핵심가치가 무엇인지 잘 모른다는 얘기다. 이·마트도 고객만족경영을 적극 실천하기 위한 고객불편사항을 조사하기 전까지만 해도 이 사실을 잘 몰랐다. 그러나 조사 후, 고객은 공중전화의 메모지 및 필기구, 카트 및 물품 보관함 내부 청결상태를 강력히 원하고 있다는 사실을 발견한 것이다.

　모든 유통업체가 그러하겠지만 지금 이·마트는 경쟁점이 별로 관심을 갖고 있지 않는 고객의 새로운 가치를 찾아서 집중적으로 개선 활동을 하고 있다. 고객은 단순히 쇼핑만 하기 위해서 매장을 찾지 않는다. 고객이 원하는 청결하고 안전한 매장 그리고 다양한 편의 시설이 매우 만족스러울 때 고객은 재방문의 욕구를 느끼는 것이다.

고객만족 서비스는 점포 경쟁력의 근간이다

√ 매장은 쇼핑만 하는 곳이 아니다. 편의시설은 고객을 오래 머무르게 한다.
√ 고객을 위한 문화적 공간과 행사를 많이 만들어라.

Operation guide

서비스는 타고나는 게 아니라 만들어지는 과정이다.
따라서 서비스는 끊임없는 현장 개선활동과 교육훈련 그리고 CS
에 대한 직원 간의 교감에 의해서 더욱 빛이 난다.

√ 진정한 서비스는 고객과의 주종관계가 아닌 파트너십 형성에 의해서
  창출된다.
√ 서비스는 고객을 향한 배려의 마음을 느끼게 하면서 감동을 키우는 교
  감의 미학이다.
√ 서비스는 말이 아니라 행동이다.
√ 하드웨어의 약점은 서비스의 경쟁력으로 극복할 수 있다.
√ 최상의 서비스는 인적, 물적 시스템이 조화가 이루어질 때 가능하다.
√ 서비스의 종착역은 없다. 고객의 욕구는 끊임없이 변화한다.
√ 100번 잘해도 1번 실수하면 '0'인 것이 서비스이다. 따라서 일관성
  있고 꾸준한 실천적 행동만이 고객만족경영을 착근할 수 있다.
√ 고객만족의 Best는 없다. 오로지 Better만이 있을 뿐이다.

Chapter

3

변화를 즐기고
적극 대응하라

1. 영업시간을 파괴하라

세상은 하루가 다르게 변화하고 있다. 이 변화의 물결을 어떻게 내 것으로 만드냐가 곧 경쟁력의 근간이 되는 것이다. 따라서 어제의 전략이나 전술이 오늘의 대안이 될 수 없다. 결국 새로운 패러다임이 도입되는 것이다. 이것이 바로 파괴 현상이다.

할인점 초창기부터 지금까지 지속적으로 사용되고 있는 용어가 바로 '가격파괴'이다. 할인점의 업의 본질은 가장 좋은 상품을 가장 저렴하게 파는 것이다. 최근 이·마트가 '신가격혁명'이라는 기치 아래 반짝 가격할인 행사가 아니라 지속적인 가격할인 시스템 도입으로 절대 경쟁력 우위를 점하겠다고 대대적으로 나선 것도 바로 이 맥락이라 할 수 있다.

한마디로 기존 가격질서를 무너뜨린 대혁명이었다. 적어도 할인점이 하나의 업태로 자리 잡기까지는 유통가격의 결정권은 소매점이 아닌 대부분 제조업이 가지고 있었다. 그런데 이 가격 교섭력이 막강한 바이파워를 가지고 있는 유통업으로 넘어가고 있으니 혁명이 아닐 수 없는 것이다.

바로 할인점의 이러한 가격파괴 활동이 오늘날 한국의 소매 물가지수에 긍정적으로 영향을 미치고 있다고 한국은행에서도 발표할 정도이다.

이 가격파괴가 오늘날 할인점 경쟁력에 주요한 원동력이 되고 있는 것이다. 가격이 파격적이니까 처음에는 할인점측이 다소 손해를 보겠지만, 고객의 반복구매는 늘어가게 되고 그에 따라 할인점은 매출액 증가로 바잉파워가 형성돼 다량구매에 의한 원가절감 효과를 톡톡히 보고 있는 셈이니, 이 가격 파괴가 생산자, 유통업자, 소비자 모두에게 득이 되는 결과를 가져오게 된 것이다.

지금은 보편화된 영업형태이지만 편의점에서만 볼 수 있는 24시간 영업이 할인점에도 확산되었다. 홈플러스가 포문을 열기 시작해 신세계 이·마트도 일부 점에서 24시간 영업체제로 돌입하게 되었고, 지금은 철수한 외국계 할인점인 월마트까지 어쩔 수 없이 기존 질서를 무너뜨리고 일부 점포에서 한국 현지화 작업에 본격 착수했다. 즉 철저한 시장경제 및 대응논리에 의해서 과거 해장국집에서나 볼 수 있는 진풍경이 대형 유통업체에서도 '가격파괴'가 아닌 '시간파괴'형 마케팅 전략으로 고객에게 다가섰던 것이다.

할인점 입장에선 경쟁논리와 고객의 라이프스타일 변화 측면에서

24시간 영업을 최소의 비용으로 성과를 극대화할 수 있다면 손익분기점 매출은 단기간에 달성될 수 있을 것이며, 이런 결과는 할인점 최대 성수기인 하절기에 절정을 이룬다.

그런데 이런 변화의 물결에 가장 보수적이라 하는 은행권도 영업시간파괴 전략을 들고 나와 주목을 끌고 있다. 은행들이 수십 년간 고수해 온 평일 오후 4시 30분 영업 관행이 깨지고 있는 것이다. 몇몇 시중 은행들이 서울과 경기도 일부 지역에서 평일과 주말, 야간 영업시간을 고객의 요구에 맞추어 변경 실시하고 있다. 이는 은행끼리 상품의 종류도 비슷하고 수수료나 금리 등도 큰 차이를 보이지 않는 상황에서 가장 눈에 띄게 차별화할 수 있는 부분이고, 주 5일 근무제가 확산되면서 근로시간도 다양화되고 주말이나 야간에 은행일을 보려는 고객들이 점점 더 늘어나는 추세이기 때문에 아마도 국내 최대 은행인 국민은행이 영업시간파괴에 본격적으로 나서면서 다른 은행들의 움직임도 빨라질 것으로 보인다.

미국과 일본에서도 주말, 야간 및 24시간 영업하는 은행이 빠르게 늘어나고 있다. 이런 현상은 단순히 영업시간을 늘려서 매출을 올린다기보다는 고객의 라이프스타일과 욕구, 트렌드 등 끊임없이 변화하고 있는 현상에 적극적으로 대처해 나가는 자세가 점포에 많은 고객을 내점하게 하는 대안이라는 의미가 내포되어 있다.

지금 모든 시장은 무한경쟁 시대에 돌입하고 있다. 이기지 못하면 지는 것이다. 바로 이 승패의 원동력은 고객의 욕구가 어떻게 변화되고 있는가를 실시간으로 파악하여 현장에 즉시 접목하는 것이다. 속도를 지배하는 자가 시장을 지배한다.

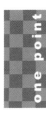

변화를 즐기고 적극 대응하라

✓ 항상 고객의 Needs와 Wants를 파악하라.
✓ 상권과 고객 특성에 따라 영업시간을 차별화하라.

2. 새로운 패러다임을 선도하라

이·마트가 영업이 잘될 수밖에 없는 이유는 여러 가지가 있지만 한마디로 표현하면 남들보다 앞서간다는 것이다.

이·마트는 10여 년 전 남들이 깊은 관심을 보이지 않던 한국형 할인점 사업을 최초로 시작했다. 적어도 도입기 시점에 오픈한 점포는 건물에 대한 감가상각이 종료되어 많이 팔면 팔수록 이익이 창출된다. 경쟁사가 동일한 매출을 보임에도 불구하고 이익실현이 안되는 것은 결국 매출대비 과도한 투자비 때문이다.

최근 서울권 대형 점포는 건물, 건축비용을 합해 천 억대 수준까지 투자(입지에 따라 다소 상이함)를 해야 오픈이 가능하다. 비근한 예로 매장 면적 1,280평 규모의 이·마트 창동점이 수십억 원의 이익을 낼 수 있는 것은 초기 투자비용을 완전히 뽑아냈기 때문이다.

이처럼 이·마트는 경쟁사가 시행하지 않았던 제도를 할인점 도입 시점부터 운영하여 오늘날 이·마트에 대한 고객의 충성도를 높일 수 있는 계기가 되었는데, 가령 업계 최초로 '최저가격 신고 보상제' '불량 상품 신고 보상제' '최첨단 발주 및 정보시스템' '할인점 PL 도입' '매입상품 반품 중단제도' '지역단체 마일리지 제도' '고객만족센터 통합 운영' '다점포 제체' '중국지점 오픈' '가격파괴 선도' '100% 교환, 환불 제도' '패션 판매 사원제도 도입' '윤리경영' '유통업계 최초 주 5일 근무실시' 등 지금은 모든 업계가 공통적으로 시행하고 있는 제도의 시발점이 되었던 것이다.

할인점 업계에서 이·마트의 '최초'는 항상 고객들의 기억과 기록에 남을 만큼 큰 힘을 가지고 있다.

유통업계에서의 2위, 3위 업체가 취할 수 있는 전략 중의 하나는 1위 업체의 좋은 점을 벤치마킹해서 경쟁우위의 새로운 틈새가치를 만들어 내는 것이다. 따라서 대한민국 1등 할인점으로서 지속경쟁우위를 창출하기 위해서는 다양한 전략과 전술, 시스템 개발 그리고 차별화된 업태 개발은 필수적이다.

그러므로 이·마트가 효과적인 매장 오퍼레이션과 고객만족경영을 통해 경쟁사 대비 절대 경쟁력 확보를 위한 다양한 정책과 제도를 개발하고, 업계 최초로 시행하는 일련의 선도적인 경영활동은 어쩌면 당연한 일이라 생각한다.

최근 정용진 부회장이 경영일선 전면에 나서면서 할인점 본업에 충실하자는 신 가격혁명 주도, E 쇼핑몰 강화, 창고형 할인매장, 동네 슈퍼의 경쟁력을 강화하고 이·마트의 바잉파워를 올려 상호 윈-윈할 수 있는 도매업 진출 등 굵직굵직한 사업을 통해 이·마트의 새로운 성장 동력을 찾고 있다.

특히 E-쇼핑몰 리뉴얼은 신석식품도 온라인에서 구매하게 하는 파격적인 프로세스 도입으로 온·오프라인과의 시너지효과를 발휘하고 관련 사업 다각화를 통해 새로운 성장 동력을 지속적으로 찾아내자는 데 있다. 또한 이·마트 매장 중 효율이 저조한 점을 선별하여 기존 할인점보다 상품 구색수와 서비스를 대폭 단순화하고 포장 단위도 대형화해 가격을 더 낮추는 개념의 창고형 할인점 매장도 곧 진출할 예정이다.

이처럼 이·마트의 끊임없는 변화와 혁신의 본질은 새로운 패러다임을 선도하고 고객제일주의에 입각하여 대한민국 토종 할인점으로서의 시장지배력을 확고히 하기 위한 경쟁전략에 그 기반을 두고 있다고 할 수 있다.

변화를 즐기고 적극 대응하라

√ 최초는 항상 고객들의 기억과 기록에 남을 만큼 큰 힘을 가진다.
√ 무한경쟁 속의 경쟁우위 전략을 지속적으로 개발하고 남보다 선행하라.

■ 이 · 마트 E 쇼핑몰 7월 5일 오픈!

"10분 남았습니다. 싱싱한 갈치가 지금부터 딱 10분간 타임세일을 합니다."

타임세일 공고를 본 주부 최모 씨(31, 서울 서대문구 홍제동)의 마음이 바빠진다. 아이들이 좋아하는 갈치를 저렴하게 살 기회를 놓칠 수 없기 때문이다. 최 씨는 얼른 갈치 한 마리를 집어 장바구니에 담은 뒤 내친김에 큼지막한 수박 한 통도 골랐다. 그런데 잠깐, 최 씨의 손에는 장바구니가 들려 있지 않다. 최 씨는 부지런히 마우스로 컴퓨터 화면 속 갈치와 수박 사진을 끌어와서 역시 화면 아래 있는 장바구니 그림 안에 담을 뿐이다. 그는 오프라인 마트가 아닌 인터넷을 활용한 'e슈퍼'로 장을 보고 있었던 것이다.

서울 신세계 이 · 마트 성수점에서는 온라인으로 고객의 주문을 접수한 구매대행직원(피커)의 발걸음이 빨라졌다. 주문명세서를 출력한 식품담당 김○○ 피커는 매장으로 나가 주문받은 대로 우유, 소시지, 마요네즈 등을 차례로 대형카트에 옮겨 담았다. 각 식품의 바코드를 휴대용 스캐너로 읽자 누가 주문한 물건인지가 스캐너 화면으로 실시간 확인이 가능했다. 적정 보관온도별로 냉동 및 냉장고와 상온으로 별도 보관돼 있던 물건은 배송차량 출발시간이 다가오자 포장담당 직원(패커)이 고객의 이름과 주소가 적힌 종이상자로 빠르게 옮겨 담기 시작했다. 주문을 받아서 배달요원이 고객의 현관문 앞에서 초인종을 울릴 때까지 걸리는 시간은 빠르면 3시간밖에 되지 않는다.

■ '장바구니 없는 쇼핑' 매출 껑충

최근 대형마트가 마우스 클릭만으로 오프라인 매장에서 파는 모든 상품을 고객의 집까지 당일 배송하는 'e슈퍼'를 의욕적으로 강화하고 나서면서 장바구니 없는 쇼핑 시대가 열리고 있다. e슈퍼에 대한 소비자들의 호응은 뜨겁다. 2000년 개관한 '사이버 이·마트'를 대폭 손질해 5일 재개관한 e슈퍼 '이·마트몰'은 재개관 보름 만에 매출이 전년 대비 51.7%나 뛰었다. 보름 동안 이·마트 몰에 신규 가입한 고객만 8만여 명. 이 수치는 매일 5,000여 명씩 늘고 있다. 일부 매장에선 구매대행 및 배송인력이 감당할 수 없을 정도로 주문이 몰려 배송에 차질이 빚어질 정도다. 안 ○○ 이·마트 e고객관리팀장은 "현재 수도권에서 하고 있는 1일 10회 배송을 올해 말까지 비수도권으로 확장할 계획"이라고 말했다. 2001년부터 e슈퍼 '홈플러스 인터넷쇼핑몰'을 운영하고 있는 홈플러스도 지난해 인터넷쇼핑몰 매출 신장률이 전년 대비 117%였다. 인터넷쇼핑몰 매출은 2007년 210억 원, 2008년 460억 원에서 지난해는 1,000억 원으로 껑충 뛰었다. 개점 초기 손에 꼽을 정도로 적었던 피커도 현재 47개 매장에 300여 명이 배치돼 있고 올해 안에 420여 명까지 늘릴 예정이다.

■ 오프라인 매장과 가격차 없어

대형마트들은 2000년대 초반부터 온라인쇼핑몰을 운영해 왔다. 하지만 지금의 e슈퍼는 기존에 보관 및 배송상의 문제 등으로 본격적으로 취급하지 못했던 신선식품을 대폭 늘리고 배송체계를 혁신하면서 기존의 온라인쇼핑과는 체질부터 달라졌다. 구매 가능한 신선식품 종류가 오프라인 매장과 사실상 차이가 없을 뿐더러 육류나 생선의 경우 원하는 부위는 물론이고 손질법에 따라 고를 수 있을 정도로 주문 시스템이 정교해졌다. 최근 e슈퍼를 처음 이용했다는 정수빈 씨(33, 서울 서초구 서초동)는 "물건에 딸려 있는 증정품은 물론이고 쿠폰까지 세심하게 배달해 줘 직접 마트에 다녀온 듯한 기분마저 들었다"고 말했다. 고객이 오프라인에서 장을 볼 때와 e슈퍼를 이용할 때 상품의 가격차는 없다. 구매금액과 배송시간대별로 1,000~4,000원의 구매대행료를 내야 하지만 온라인에서는 각종 할인행사의 혜택을 볼 수 있다. 체계화된 배송 시스템은 e슈퍼 성장의 중요 동력이다. 고객 주문 접수와 동시에 컴퓨터 프로그램이 배송기사에게 최적의 배송경로를 계산해 할당해 준다.

■ 새 고객층인 남성과 2030 여성으로

e슈퍼는 고객층 확장에도 기여하고 있다. 홈플러스 인터넷쇼핑몰은 2002년 시작 당시 6%였던 남성 고객 비율이 2010년 현재 17%로 늘었다. e슈퍼는 젊은 여성 고객 확보에도 효과적인 무기다. 이·마트 몰 고객의 40% 가까이가 26~35세 여성으로 26~30세가 20%, 31~35세 여성이 19%에 달한다. 이·마트 관계자는 "e슈퍼가 오프라인 고객을 단지 온라인으로 이동시키는 데 그치지 않고 새로운 고객층을 창출하는 데도 일정 부분 기여하고 있다"고 말했다.

■ 온-오프라인 통합, 제휴 가속화

고객을 빼앗겨 발등에 불이 떨어진 기존 홈쇼핑 업체들은 e슈퍼에 비해

취약한 신선식품 부분 강화에 나섰다. CJ오쇼핑은 지난달 농협 하나로클럽을 자사의 인터넷 쇼핑몰에 몰인몰(Mall in Mall) 형태로 입점시켰다. 농협 하나로클럽의 당일배송 서비스를 이용해 온라인 신선식품 구매 수요를 잡기 위해서다. 옥션같은 인터넷 쇼핑몰들도 수도권 일대에 신문 보급망을 활용해 광고 전단을 배포하는 등 오프라인 마케팅까지 불사하며 대형마트와의 격전을 예고하고 있다. 중앙대 이정희 교수(산업경제학)는 "앞으로 온라인과 오프라인 어느 한쪽만 치중하는 유통업체는 생존이 어려워질 것"이라며 "중고가(中高價) 제품 위주인 백화점은 제한적인 타격만 입겠지만 식품과 잡화 등을 주로 취급하는 동네슈퍼나 TV홈쇼핑의 온라인쇼핑몰 등은 e슈퍼의 성장으로 어느 정도 타격이 불가피할 것"이라고 전망했다.

－〈동아일보〉 2010년 7월자 기사 중에서

3. 이 업종과의 제휴로 시너지효과를 발휘하라

기업에서 종종 사용하고 있는 비즈니스 중의 하나가 전략적 제휴이다. 말 그대로 서로 약점을 보완해 줄 수 있는, 누군가와 윈-윈 할 수 있는 업무제휴를 맺어 시너지효과를 창출하는 것이다. 이런 업무는 큰 기업만이 하고 있는 것이 아니라 종종 우리 주변에서도 볼 수 있는 장면이다.

점포 영업에서는 상품의 연계성을 고려하여 상호 시너지효과를 발휘할 수 있다는 측면에서 Shop-In-Shop, Corner-In-Corner, Store-In-Store 개념으로 MD를 구성하고 있어 매장을 고객과 효율중심으로 전략적으로 운영하고 있다.

할인점에서도 과거에는 오로지 바이어가 직접 매입한 상품만 운영하다가 점차 전문성으로 무장한 업종과 전략적 제휴를 맺어 상권 특성에 맞는 테넌트 형식으로 입점하고 있다. 대표적인 MD가 미용실, 애견샵, 네일아트, 준보석, 패스트푸드, 병원, 대형서점, 액세서리 샵 등으로 할인점의 로열티와 전문성의 조화라 할 수 있다. 이·마트의 점포개발 콘셉트도 인천 연수점 오픈을 계기로 더욱 박차를 가하고 있다. 한마디로 대형화, 복합화 된 것이다.

최근 신세계는 이·마트 성남 태평점에 '백화점 패션매장'을 오픈한다고 발표했다. 신세계가 대형마트와 백화점이 결합한 형태의 '스타일마켓'을 국내 유통업계에 처음으로 선을 보이는 것이다. 대형마트의 부족한 부분을 백화점이 채워 고객의 가치를 높이겠다는 전략이다. 과거 신세계 광주점, 인천점 이·마트에 식품매장이 들어선 적은 있지만 이·마트 매장에 백화점 패션 매장이 공존하는 것은 처음이다. 이런 제휴는 해외에서도 보기 드문 새로운 시도이기 하다. 백화점 입장에서 경쟁사와의 부족한 매장을 이·마트와의 업태 간 제휴로 상호 윈–윈하는 좋은 전략적 시도라 할 수 있다.

따라서 과거의 할인점이 2,000~3,000평 매장이 주류였다면 최근에는 고객의 욕구에 적극 부응하기 위하여 수천 평대의 초대형 매장으로 재편성되고 있는 것도 좋은 예이다.

가까운 예로 일부 홈플러스 매장도 1층 매장은 국내 유명 의류 할인점 브랜드가 입점되어 있고 나머지 매장은 홈플러스가 운영하고 있다. 이는 자사 할인점의 약점을 보완하기 위하여 Store-In-Store 개념을 도입하여 상호 시너지효과를 노린 매장 구성이라고 볼 수 있다.

또한 롯데마트 구로점, 구리점, 삼산점에서는 최대 장난감 전문매장인 토이저러스와의 업무 제휴(동일한 점포에 상호 다른 업태의 콘셉트 MD 구성)도 그런 맥락으로 이해할 수가 있다. 이처럼 서로 다른 전문성을 가진 샵과 MD의 전략적 전개는 동일한 점포에 각자가 가지고 있는 장점을 십분 발휘하여 점포 효율성을 향상시키는 원동력이 되게 하고 있다. 특히 이런 업종 간의 제휴는 대형점이 아니더라도 요즈음 유통업에서는 자주 볼 수 있는 사례이다. 테이크아웃 커피 전문점과 가전전문 매장 간의 제휴가 대표적인 사례이다. 스타벅스는 목 좋은 곳에 쉽게 점포를 구할 수가 있고, 가전매장 입장에서는 내구성 아이템의 한계성 극복을 위한 20대 영 아이템을 강화할 수 있는 좋은 계기가 되어 시너지효과를 발휘할 수 있는 좋은 본보기가 되고 있다.

1층의 음식점 또는 호프집과 2층 노래방과의 제휴, 대형서점과 테이크아웃 커피전문점과의 제휴, 대형문구 매장과 포토샵, 디지털 가전매장에 디지털 사진현상소, 약국 내에 생활편의 용품매장 등이 제휴의 좋은 예라 할 수 있다.

요즈음은 병원도 변화하고 있다. 최근 강남의 대형 병원을 보면 기존의 패러다임을 무시하는 파격적인 변화가 오래전부터 일어나고 있다. 과거 병원의 편의시설 개념은 전통적이고, 퀴퀴한 분위기의 구내식당과 자그마한 슈퍼가 그 역할을 다했다. 그러나 병원 내에 유명 패스트푸드점이 입점하거나 슈퍼 대신 24시간 편의점이 입점하는 일련의 과정은 이제 더 이상 새로운 비즈니스가 아닐 정도로 일반화되었다.

오래전 필자가 강남의 영동세브란스 병원을 갔을 때 한동안 안 보였던 샵이 탄생하였다. 병원에도 테이크아웃 커피전문점이 오픈한 것이다.

우체국에서도 우편업무 비중이 점차 감소하고 있고 금융서비스도 폰뱅킹, 인터넷뱅킹 등 전자금융 서비스 제도를 많이 활용하고 있어 전국의 우체국 공간을 효율적으로 운영할 필요가 있기에 편의점에서도 일반고객이 우편, 금융 무인자동화기기를 자유롭게 이용하기도 하고 우편상품, 일반 편의용품도 편리하게 구매가 가능한 형태로 진화되고 있다.

이·마트 천호점이 오픈 이후 수년간 운영해 왔던 지하 2층의 효율이 떨어지는 문구, 완구, 서적 매장을 가전매장으로 축소 이동하면서 목적성이 강한 미용실, 화원, 한의원, 동물병원, 치과, 약국, 네일아트, 여행사, 안경점 등 전문 테넌트 매장으로 성공적으로 리뉴얼한 것도 기존 점포의 효율성과 경쟁력 향상을 위한 제휴전략이라 할 수 있다. 또 다른 예로 글로벌 기업인 삼성전자가 자사 판매망인 삼성 디지털프라자 매장에 자사의 약점인 소형가전 상품의 구색확보를 통한 고객만족 실현을 위해 세계적 소형가전 브랜드인 필립스, 브라운, 테팔, 바비리스 등의 상품을 입점, 판매하고 있는 것은 몇 년 전 마인드로서는 도저히 상상도 못할 적과의 전략적 제휴였다. 점포 내에 시너지효과를 발휘할 수 있는 새로운 아이템과의 제휴는 불황기에 수익을 창출하는 새로운 시도임에 틀림없다.

변화를 즐기고 적극 대응하라

√ 업종 간의 적극적인 제휴마케팅을 통해 시너지효과를 창출
  하라.
√ 현장의 제휴마케팅은 나의 단점을 보완하여 상호 경쟁력을
  강화하는 기본전술이다.

4. 끼리끼리 모여라

필자가 신세계 백화점 천호점에 영업책임자(Floor Manager)로 근무하던 시절, 매장의 전반적인 분위기는 위기의식 그 자체였다. 다름 아닌 10m 도로를 사이에 두고 영업 면적 1만 평이나 되는 현대백화점 천호점이 오픈하게 되었던 것이다. 신세계 천호점이 2,600평 정도의 영업면적이라면 대충 싸움의 판도는 어느 정도 판가름 났다고 해도 과언이 아니었다.

물론 점포 나름대로 영업 활성화를 위한 다양한 프로그램을 만들어 추진하였으나 많은 문제와 고통이 수반되었다. 결국 이익감소와 경쟁의 논리에 의해 백화점이 할인점으로 바뀌는 대역사가 벌어지게 되었다.

처음에는 '과연 이·마트 천호점으로 전환된다면 현대백화점과 경쟁이 되고 또한 이익은 창출될 것인가?' 라는 의구심이 들었다. 하지만

'길고 짧은 것은 대봐야 안다' 는 말이 있듯 이건 정말 아무도 모르는 일이었다.

결론은 적어도 인근에 이·마트 명일점이 오픈하기 전까지 백화점을 할 때보다 더 많은 매출과 더 많은 이익이 창출되었고 현대백화점도 백화점 나름대로의 고급 콘셉트를 유지하면서 꾸준한 매출신장을 하게 되었다.

즉, 할인점과 백화점의 MD가 확연히 구분되니 고객 입장에서는 양 매장을 순회하면서 고객의 입맛에 맞는 상품을 선택할 기회가 생기게 된 것이다.

오히려 백화점이 할인점으로 전환되면서 천호동 상권이 더 확대되었다. 전통적으로 할인점의 강세품목인 식품과 생활용품은 이·마트에서, 감성지향의 상품은 백화점에서 구매가 양분되니 고객도 좋고 이·마트도 좋았던 것이다.

한마디로 신세계의 전략이 대 성공하였던 것이다. 이를 계기로 최근 천호상권에 홈플러스가 출점하므로써 상권은 더욱 확대되면서 경쟁도 점점 더 심해질 것으로 예상된다.

최근 이런 경향은 곳곳에서 발견된다. 이런 논리를 알기나 한듯 모 할인점의 출점전략은 이·마트가 오픈하는 곳마다 따라 오픈한다는 그럴 듯한 소문이 나돌기도 했다.

이것은 상권의 흐름상 과거에는 서로 붙어 있기보다는 떨어져 있는 것이 오히려 득이 된다고 생각했지만 지금은 붙어 있어야 영업이 더 잘 된다는 논리로 바뀌어 가고 있는 것이다.

가전양판 전문점이 독립적으로 오픈하는 관행에서 할인점 인근 매장에 오픈하여 영업을 한다든가 서로 다른 음식점들이 동일한 상권에 입점하여 영업을 하고 있는 것도 단독으로 영업을 하는 것보다 훨씬 많은 고객을 흡입할 수 있는 요소가 되고 있기 때문이다.

바로 이런 형태를 카테고리란 말로 표현해서 응용하고 있다. 지극히 당연한 얘기이지만 상품진열 및 매장 레이아웃 설계 시 유사 콘셉트의 브랜드끼리, 유사품목끼리 진열하도록 배치를 하는 것이 고객입장에서 훨씬 더 쇼핑하기 편리하며 점포입장에서는 효율성을 배가시킬 수 있다.

대표적인 사례가 신도시의 먹자골목, 패션 스트리트, 학원가, 유명브랜드 할인점 등이 독립적으로 입점하여 영업하는 것보다 끼리끼리 모여 영업하는 것이 훨씬 더 많은 고객을 확보할 수 있기 때문에 과거와는 다른 형태의 상권이 형성되고 있는 것이다.

호랑이를 잡으려면 호랑이 굴에 들어가야 한다는 말이 괜한 말은 아닌 듯싶다.

변화를 즐기고 적극 대응하라

√ 사람이 모이는 곳에 점포를 출점하라.
√ 취약한 브랜드의 나 홀로서기식 출점은 많은 마케팅 비용을 수반하게 된다.

5. 지역주민과 친하게 지내라

할인점을 오픈하는 데에는 백화점과 달리 시간적, 경제적 비용이 매우 저렴하고 투자 회수 기간이 짧기 때문에 할인점은 많은 기업에서 관심을 가지고 있는 사업 분야다.

그런데 서울과 수도권 인근에 점포를 오픈할 때에는 큰 문제가 없으나 지방에 점포를 오픈할 때에는 다양한 저항세력을 만나게 되어 점포 오픈 일정에 다소 차질을 겪고 있는 것이 사실이다.

점포 주변에서 데모를 하거나 불매운동을 하는 등의 물리적 행사를 할 때에는 참 난감하기 이를 데 없다. 그만큼 할인점의 오픈이 지역경제에 미치는 영향이 크다는 단적인 증거라 할 수 있겠다.

따라서 지방에 점포를 오픈하는 지점장은 다른 점포의 지점장보다 오픈 이후의 지역주민과의 관계형성을 게을리해서는 안된다. 왜냐하면 점포가 그 지역사회에 긍정적이고 지역 친화적인 활동을 하고 있다는 것을 확실하게 심지 않으면 영업에 많은 문제가 있기 때문이다.

언젠가 이라크에 파견된 한국군 자이툰 부대의 대대장이 현지 지역민과의 원만한 관계형성을 위해 수염을 길게 기른 모습이 보도된 적이 있었다.

이것도 한국군이 이라크의 점령군이 아니라 이라크 전후 복구사업 재건을 위해 투입된 부대임을 강조하기 위한 현지 친화전략인 것이다. 따라서 누가 어디서 무슨 장사를 하든 주변 인근상인이나 지역주민과의 원활한 관계형성이 전제되지 않거나 노력을 게을리한다면 오픈한지 얼마 안되서 문을 닫아야 할 정도로 심각한 영업성과에 직면할 수 있다.

이·마트가 지점장 책임 하에 전사적으로 공유하고 있는 활동은 여러 가지가 있으나 지점장 재임시절 지역주민들로부터 좋은 반응을 보였던 몇 가지 사례를 소개하고자 한다.

첫째, 장학금 지급활동이다.

아직도 고등학교에 다니는 시골학생 중에 학자금 때문에 매 분기마다 애로를 겪는 학생들이 종종 있다. 그래서 필자가 지방도시 근무시절에는 생계가 어려운 부모를 두고 있고 비교적 성실한 학생을 학교장으로부터 추천을 받아 연간 54명의 중, 고교학생들에게 장학금을 지급하여 지역주민들로부터 큰 호응을 받은 적이 있었다. 이·마트가 장사만 하는 기업이 아니라 지역사회에 기여하고 지역사회와 함께 발전하는 기업으로 인식되기에 충분하였다.

둘째, 어르신들을 위한 경로잔치이다.

최근 65세 이상의 노령화 인구가 증가되면서 연고가 없는 독거노인이나 주변에서 불편하게 사는 할아버지, 할머니들이 많다. 따라서 필자의 점포에서는 이 분들을 동별로 정기적으로 초청하여 기쁨을 함께 나누는 작은 행사를 월 1, 2회씩 실시하였다. 식사를 대접하거나 작은 선물을 드리는 등의 조촐한 이벤트를 개최하여 지역주민들로부터 많은 칭송을 받았다.

자고로 예로부터 노인을 공경하는 사람치고 존경받지 않은 사람이 없었다. 특히 시골의 정서는 남달랐다. 시골이라 차량을 지원받기도 어려운 상황에서 직원들의 출퇴근 승용차를 이용하여 몇 차례씩 수송하는 불편함에도 불구하고 어르신들의 계속된 감사표시는 전 직원들이 보람을 느끼기에 충분했던 것이다.

셋째, 자연보호 활동이다.

소매점의 시작은 아침 일찍 일어나 자기 점포를 깨끗하게 청소하는 것으로 시작한다. 그만큼 부지런해야 하는 것이다. 따라서 정기적으로 지점장을 비롯한 전 사원들이 우리 도시의 청결함은 이·마트가 만든다는 자부심으로 공원, 저수지, 하천 등 시내 곳곳을 정기적으로 청소해 나갔다. 말 그대로 매장만 청결하게 하는 것이 아니라 이·마트가 있는 도시 전체를 깨끗한 환경으로 만드는 '클린 그린 프로젝트'를 지속적으로 실천해 나갔다.

당연히 이·마트의 이런 활동은 지역주민들에게 긍정적으로 홍보가 되고 또 내 집 한번 비질 안 하던 직원들도 생활 패턴이 바뀌기에 충분했다. 이런 점포가 영업이 안될 리가 없다. 따라서 점포영업을 하고 있는 사람은 항상 인근의 지역주민과 또는 상인과 원만한 관계 형성을 게을리해서는 안된다.

이밖에 노숙자 무료급식 활동, 사랑의 김치 담그기, 결식아동 후원금 전달, 양로원 방문 등 다양한 지역사회 공헌활동을 전개하여 큰 호응을 받았다.

마지막으로 지역 특산물 판매다.

지방 점포에 근무하다 보면 해당 도시 및 인근 지역에서 생산되고 있는 특산물을 얼마나 매입하여 판매하고 있는지에 대해서 지방공무원이나 주민들의 관심도가 매우 크다.

경우에 따라서는 "지역에서 번 돈 전부 서울로 가지고 올라간다" 는 등의 유언비어로 과실송금에 대한 적법한 활동까지도 불매운동 등 부정적인 여론으로 몰고 가기도 한다.

물론 대량매입에 의한 원가우위 집중전략으로 운영되고 있는 할인점 입장에선 모든 것을 수용하기에는 다소 문제가 있지만 주로 신선식품 중심으로 품질, 물량, 매입조건을 고려하여 해당지역이나 전 점포에 입점판매하기도 한다. 따라서 점포책임자는 지역 특산물 판로를 공식적으로 만들어 줌으로써 지역사회와 함께 성장하는 점포의 이미지를 전략적으로 구축하는 일을 소홀히 해서는 안된다.

〈이마트 ○○점 지역 특산물 매입현황〉

구분	추진내용
○○사과	농산물 공판장을 통한 연중 상품매입으로 전 점 판매
미백복숭아	농산물 공판장을 통한 연중 상품매입으로 전 점 판매
일반미	농협을 통해 매입 ○○점 입점 판매
방울토마토	농산물 공판장을 통한 시즌 매입(매입량 점차 확대)
콩나물	산지에서 생산하여 ○○점 직접 납품
우렁살	산지 매입을 통한 전 점 납품 확대
쌈 야채류	산지에서 생산하여 ○○점 직접 납품

변화를 즐기고 적극 대응하라

√ 인간관계도 좋아야 영업도 잘 된다.
√ 점포 운은 누가 만들어 주는 것이 아니라 점포 스스로 만
  들어 가는 것이다.

Operation guide

점포영업은 경쟁환경과 고객환경에 따라 끊임없이 변화한다. 따라서 시장환경에 유연하게 대처해 나가기 위해서는 고정관념을 버려야 한다.

√ 혁신하고 또 혁신하라. 혁신은 점포영업의 근간이다.

√ 혁신은 이전과 다르고, 남과 다르게 하는 것이다.

√ 점포가 성장하려면 끊임없이 점포 운을 만들어야 한다.

√ 전략적 제휴는 서로의 약점을 보완해 주는 B2B 간 최고의 마케팅전략이다.

√ 장사를 하려면 사람이 많이 모이는 곳을 찾아라.

√ 인간관계 좋은 사람이 장사도 잘한다.

C h a p t e r

4

—

기본에
충실하라

1. 고객의 흐름을 수시로 확인하라

할인점을 이용하다 보면 가끔씩 느끼는 것이 이 많은 고객이 과연 어디서 왔을까 하는 것이다. 특히 주말에는 떠밀리다시피 북적거리는 매장을 내 의사와 관계없이 이동할 때도 있다.

그만큼 일반 시민들에게 할인점은 이미 생활의 일부가 되어 버렸다. 불과 10여 년의 짧은 세월 속에 많은 성장을 해왔던 것이다.

대체로 고객들은 아무 생각 없이 쇼핑할지언정 유통업의 종사자들은 '오늘은 고객이 어디서 왔으며, 왜 오늘은 내점객이 적을까?' '특정 지역 고객의 내점율을 올리기 위해서는 어떻게 해야 할까?' 등 매일 고객과 숨바꼭질을 하고 있다 해도 과언이 아니다.

일반적으로 한 점포에서 영향력을 발휘할 수 있는 지역(범위)을 보통 상권이라는 용어로 표현한다.

상권이 넓으면 넓을수록 내점객 확대로 그 점포의 외형과 수익은 그만큼 증가한다. 그러나 이게 생각보다 쉽지는 않다. 보통 상권을 분석할 때에는 점포 주변을 중심으로 직선거리를 원형으로 나누어 상권을 분류하나 백화점이 아닌 할인점의 상권을 분석할 때 이런 방법은 고객의 내점을 확산하기 위한 수단으로 활용하기에는 약간의 문제가 있다.

이를 극복하기 위하여 점포의 상권을 분석할 때는 점포를 중심으로 원형에 의한 단순 거리 설정 개념에서 도로 중심의 접근시간을 고려하여 상권을 분류한다. 거리는 가깝지만 내점율이 떨어지는 것은 접근성에 분명히 문제가 있는 것이다.

〈할인점 상권 개념〉

구분	기존	신개념
개념	단순 거리 개념 ⇒ 빵 모양	접근성 개념 ⇒ 불가사리 모양 도로/교통 수단별, 접근성, 소요시간 중심
분류	1차, 2차, 3차 상권	1차 상권 : 접근성 용이 ⇒ 당연히 올 수밖에 없는 지역 전략 상권 : 잠재고객 대비 내점율이 낮은 지역 경쟁 점포와 중복 지역
지역	행정구역	아파트 단지, 마을 단위

이런 고객은 대개 동네 슈퍼나 인근의 재래시장을 이용하게 되는 것이다. 아마도 이런 현상 때문에 할인점이 생기면 동네 슈퍼가 다 망할 것처럼 보였지만 사실은 그렇지가 않다.

언제나 틈새시장은 존재하기 때문이다. 보통 점포를 중심으로 도보나 자동차로 20분 이내에 내점 가능한 지역은 1차 또는 핵심 상권, 20분 이상 또는 내점율이 낮거나 경쟁 점포와 중복되는 지역은 전략 상권으로 통상 분류한다.

대체로 원거리 상권의 고객의 내점률이 높은 지역일수록 통상 구매단가가 높게 나타난다. 왜냐하면 의류, 가전과 같은 주말, 월간 상품은 보통 가족과 함께 쇼핑하는 경우가 많다.

반면 1차 도보상권의 비중이 높은 점포일수록 신선식품이나 가공식품의 비중이 높아 상대적으로 구매단가가 매우 낮다. 따라서 점포의 상권이 큰 점포일수록 비교적 매출이 높게 나타나는 것이다.

점포영업은 고객의 흐름을 예의 주시해야 한다. 고객의 흐름을 명확히 해야 영업 활성화의 해법을 찾을 수 있다. 할인점 구매고객을 분석해 보면 통상 자동차에 의한 구매고객 수가 50% 정도를 차지한다. 자동차 내점객 수가 높다는 것은 그만큼 구매단가가 높다는 얘기다.

〈할인점 고객 내점수단 현황조사〉

구분	도보	시내버스	자가용	지하철	택시	기타
%	18.4	17.0	51.4	3.2	7.5	2.5

(내점 시 교통수단은 점포 입지에 따라 다소 상이함)

점포마다 구매단가는 다소 상이하지만 중대형 점포는 평균 6~7만 원대를 육박한다. 매우 높은 수치이다. 바로 이 구매단가를 높이기 위한 고객 분석은 필수적이다.

소매점에서 활용하는 고객 분석의 전통적인 방법은 마케팅 전략을 수립하기 위하여 내점객을 대상으로 하는 포괄적 설문조사 방법이다. 이 방법은 고객의 정보를 비교적 정확하게 파악할 수 있지만 시간적 경제적 비용이 소요되는 전사적 프로젝트 개념의 조사방법이다. 또한 고객의 협조가 절대적이다.

그래서 점포에서 상품과 서비스의 질을 향상시키는 일환으로 실시하는 구매고객 분석방법으로는 POS 출구조사를 주로 사용한다. 선거 때만 사용하는 것이 출구조사가 아니다. 이 방법은 주중, 주말, 시간대별로 나누어 고객 대상으로 계산 시점에서 캐셔의 구두질문을 통해서 어디서 왔는지, 거주 형태는 어떤지를 조사하는 방법으로 점포의 효율을 높이기 위한 중요한 수단으로 활용되고 있다.

이를 매월 정기적으로 시계열로 조사 분석하여 활용하면 훌륭한 점내 마케팅 분석 DB가 될 수 있다.

두 번째 방법으로는 주차장 내점 차량의 차량번호를 통해서 조사하면 비교적 상세한 데이터가 도출된다. 매일, 매주 정기적으로 시간대별로 내점 차량의 차량번호를 추적하면 구매단가가 높은 고객이 어디서 왔는지 비교적 정확하게 파악할 수 있다.

필자는 점포근무 시절 상기 방법을 통해서 마케팅의 효율을 극대화하기 위한 활동을 다각도로 펼쳐 나갔다. 통상 점포에서는 신문 삽지를 통하여 전단을 배포하곤 한다. (최근 이·마트는 최초로 신문삽지용 전단 제작을 폐지하고, 신문광고 중심으로 고객과 커뮤니케이션 하고 있다.) 이 방법이 가장 적은 비용으로 많은 양의 전단을 배포하기에 적절하기 때문이다.

그러나 제한된 전단을 활용하여 집객을 유도하기 위해서는 정기적인 고객 분석을 통해 고객의 흐름을 명확히 파악해야 한다. 신문 삽지 방법의 단점은 신문을 보지 않는 사람은 전단 내용을 알 수 없다는 것이며, 또한 많은 양의 전단 삽지로 고객은 보지도 않고 쓰레기통에 집어넣는 경우가 허다하다는 것이다. 따라서 이럴 땐 고객 분석 데이터를 바탕으로 내점 비중이 높은 지역의 아파트나 주택을 대상으로 전단을 직접 배포하거나 배포 지역을 변경함으로써 그 효과를 배가시킬 수 있는 것이다. 요즈음 동네 상권의 소규모 생계형 점포는 거의 이런 방법을 통해서 마케팅 활동을 하고 있다. 바로 이런 활동이 최소의 비용으로 점포의 효율을 극대화할 수 있는 실천적 마케팅 방법인 것이다.

과연 여러분의 점포를 이용하는 고객은 어디서 온 누구이며 왜 오는가? 이처럼 현장의 실용적인 고객 데이터를 지속적이고 체계적으로 확보, 분석해 나가면 내점객을 늘리는 방법을 찾을 수 있다. 한 매장의 흥망성쇠의 핵심 키는 바로 고객이다.

기본에 충실한 점포일수록 이익이 많다

√ 나의 고객은 누구이며, 어디서, 왜, 무엇을 사러 왔는지를
  끊임없이 연구하라.
√ 항상 경쟁점이 무엇을 하고 있는지 조사하고 분석하라.

2. 시장조사를 정기적으로 하라

어느 업종에서든 많이 사용하는 통상적인 마케팅 용어 중의 하나가 시장조사라는 말이 아닌가 싶다. 특히 할인점에서의 가격조사는 매우 중요한 마케팅 수단 중의 하나로 할인점 간 가격경쟁력우위를 점하고, 전략을 수립하기 위한 기초자료로 사용하고 있다.

특히 최근 이·마트의 신 가격혁명을 필두로 시작한 할인행사가 종전의 품목별 반짝 세일이 아닌 상시 저가격체제를 유지하여 할인점 업태의 본질에 충실하고 고객을 확보하기 위한 양상으로 확산되고 있다.

특히 점포 주변의 경쟁점을 조사하거나 새로운 프로젝트를 위해 시장조사를 하든 차별적 요소를 찾아 경쟁우위 전략을 수립하기 위해서는 필수적으로 거쳐야 하는 코스라고 해도 과언이 아니다.

《손자병법》에 '지피지기면 백전불퇴' 라는 말도 있듯이 어떻게 생각하면 당연한 말임에도 불구하고 현장에서 제대로 실천하기란 쉬운 일이 아니다. 즉 시장조사는 경쟁점 대비 경쟁력을 확보하여 점포에 대한 고객의 충성도를 높이기 위한 전술적 행동이다.

이·마트를 포함한 할인점 마케팅전략의 최대 핵심은 바로 상시 최저가격 체제이다. 끊임없는 상품과 시스템, 프로세스 혁신활동을 통해서 경쟁사보다 상시 Low Cost Operation체제를 얼마나 유지하는가가 업의 본질이다. 이런 체제를 갖추고 있지 않은 상태에서 가격만 인하한다면 수익에 절대적 영향을 미칠 것은 명약관화한 일이다.

지금은 운영하고 있지 않은 제도이지만, 이를 적극적으로 실천하기 위하여 이·마트는 실질적인 '최저가격 신고 보상제'를 실시하기도 했다. 따라서 할인점의 최저가격 정책은 업체 간 치열한 가격경쟁으로 이어질 수밖에 없으며 다양한 기법의 시장조사와 가격정책을 통해 경쟁사보다 가격경쟁력 우위가 있음을 여러 매체를 통해 홍보하기도 한다.

사실 웬만한 할인점 간의 직원들은 상호 간에 신원이 거의 노출되어 있어 신경이 보통 날카로운 것이 아니어서 고객으로 위장하여 청과, 야채류, 생활필수용품, 화장품, 가전 등 가격에 탄력적인 상품에 대하여 암행 조사를 하고, 또는 주부 및 전문 시장 조사팀을 몰래 편성하여 내점객 수, POS운영 상황, 주차대 수, 신규입점 브랜드, 행사동향, 서비스 수준 등을 조사하여 대응하기도 한다.

특히 이·마트는 매일 고객들의 가격 민감도가 높은 상품을 수시로 조사하여 고객의 가시성이 뛰어난 자리에 가격 비교 전시대를 만들어 이·마트의 가격 차별화를 적극 홍보하기도 하고, 인근의 경쟁업체들도

이·마트의 이런 시스템에 적극 대응하기 위하여 각 점포별 자사의 가격경쟁력 있는 상품의 전시를 통해 자사제품 가격의 우수성을 어필할 정도로 가격경쟁이 매우 치열하다.

이·마트는 전화응대 멘트가 한때 '최저가격으로 모시겠습니다' 라고 할 정도로 가격만큼은 대한민국에서 가장 경쟁력 있는 상시 최저가격을 핵심 모토로 하고 있다. 때때로 고객은 점포별로 가격 차이가 나는 것에 대하여 클레임을 제기하기도 한다. 이는 이·마트가 말뿐이 아니라 진정으로 최저가격을 실시하고 있다는 단적인 증거다. 왜냐하면 점포의 경쟁환경이 상이하기 때문이다.

경우에 따라서는 점포별로 경쟁상황이 다르기 때문에 경쟁점이 신규 오픈하거나, ○주년 오픈기념 행사와 같은 치열한 접점에 있는 점포에는 수시로 시장조사를 통해서 최저가격을 고수하고 있다. 왜냐하면 최저가격은 고객에 대한 이·마트의 약속이자 할인점 경쟁력의 원천이기 때문이다.

고객의 쇼핑행태는 수시로 변화한다. 또한 경쟁 상황도 수시로 변화한다. 이런 고객의 변화에 능동적으로 대처해 나가지 못하면 영원한 단골은 없는 것이다. 즉, 고객은 언제든지 떠날 준비가 되어 있다.

따라서 기본에 충실하고 변화에 적극 대응하는 점포만이 적자생존의 치열한 경쟁 속에서 살아남을 수 있는 유일한 대안이라 할 수 있다. 고객과 경쟁점의 변화! 체계적이고 정례화된 시장조사에 의해서만이 대응이 가능하다.

기본에 충실한 점포일수록 이익이 많다

√ 시장조사는 마케팅의 기본이다.

√ 경쟁점 대비 약점은 즉시 개선하라.

3. 손익관리를 철저히 하라

이·마트는 매월 정기적으로 본사에서 지점장과 스텝이 참여하는 지점장회의를 하고 있다. 지점장회의는 주로 전월 손익보고 및 본사 정책에 관한 내용과 효율적인 점포 오퍼레이션에 대해서 담당임원 주관 하에 포커스(focus) 미팅을 한다.

특히 매월 점포별로 손익실적을 관련 부서에서 발표하는 내용은 필자가 회사 전체를 보거나 점포 손익이 창출되는 프로세스를 나름대로 터득할 수 있는 좋은 기회가 된 것으로 기억된다.

지점장으로서 점포 영업을 하든 점주로서 자영업을 하든 손익 마인드가 형성되어 있지 않거나 또는 손익보고서를 잘 이해하지 못하면 점포 및 사업 운영에 많은 문제가 발생한다. 따라서 이는 경리 담당자나 회계 담당자만이 알아야 할 내용이 아니고 필히 점포 경영자라면 상세

할 정도로 손익 창출 프로세스를 명확히 이해하고 숙지해야 한다.

일반적으로 지점장의 손익관리 1차 책임범위는 영업이익까지로 제한한다. 기타 이익, 즉 경상이익 개념은 영업이익과 관련 없는 영업 외적인 요인에 의해 발생되므로 점포 책임자는 1차적으로 영업이익 창출에 전력해야 한다.

점포 영업은 외부환경에 매우 민감하다. 즉 월드컵으로 인해 오히려 영업이 안되거나, 날씨가 갑자기 덥거나, 특소세가 인상되기 전 어느 특정 품목의 매출이 갑자기 올라가는 등 영업도 나름대로 굴곡이 있다. 따라서 영업이 구조적으로 안되어 특단의 조치로써 이익을 창출하기 위한 활동을 정리하면 다음과 같다.

첫째, MD(상품)의 매트릭스 관리를 통해 상품 회전율과 고마진 상품의 비중을 적절하게 믹스해야 한다.

또한 저마진, 무마진과 역마진 상품의 판매동향을 실시간으로 파악하여 현실적인 가격으로 재조정하거나 판매에 영향을 주는 상품이 아니면 스크랩을 하는 등 특단의 조치를 취하여 높은 이익을 창출하는 프로세스를 재정비해야 한다.

둘째, 영업에 투입된 비용을 관리해야 한다.

점포 영업이 안될 때 불황기로 인해 소비심리가 최악일 때 무조건 비용을 줄이는 것이 아니라 전월 또는 누계 손익보고서를 검토하여 어느 계정 과목이 점포 영업과 무관하게 사용되고 있는지 그리고 경직성 경비는 얼마인지를 명확히 분석하여 영업실적 창출에 불필요한 비용은 지속적으로 축소해 나가야 한다.

셋째, 점포 규모에 맞는 오퍼레이션이 되게 해야 한다.

영업실적이 부진하면 각종 지표가 적신호이다. 이럴 땐 제일 먼저 영업 활성화가 우선이 되어야 하지만 여의치 못할 때에는 점포 규모에 맞는 오퍼레이션이 선행되어야 한다.

매출에 맞는 적정재고를 유지하기 위하여 저회전 상품에 대한 철저한 분석 및 조치를 통해 재고의 질적 관리가 필수적이다. 물론 관리지표는 재고 회전율이다. 일반적으로 자영업을 하는 사람은 이런 개념이 다소 감각이 무딜 수 있으나 점주는 세밀하게 관리해야 한다. 이 관리의 핵심이 바로 POS이다. 요즈음은 김밥집에서까지 POS를 도입하여 메뉴 관리를 함으로써 경영의 효율성을 높이고 있을 정도이다.

안 팔리는 상품을 신속히 찾아내어 인기 및 신상품 중심으로 집중하거나 가격인하 판매를 통해 부진재고를 조기에 처분해야 한다. 이게 생각보다는 쉽지 않다. 많은 시간과 인내와 고통이 수반되어 평상시 미세 관리가 되도록 관심을 가져야 한다.

넷째, 각 부분별로 각자의 역할과 임무를 명확히 하여 최적의 상황에서 업무가 수행되도록 TO(인력) 관리를 해야 한다.

점포 규모, 즉 매출에 맞는 인력구조가 필요하다. 평상시에 정기적인 분석을 통해 상시 구조조정 체제의 유연한 조직운영이 되도록 관리해야 한다.

이때 중요한 것은 무조건 줄인다고 비용관리가 되는 것이 아니다. 오히려 잘못된 구조 조정이 개인업무 가중으로 일의 효율을 떨어뜨릴 수 있으므로 잉여자원의 무조건적인 다운사이징 방식의 접근보다는 프로세스 개선과 시스템 재정비의 방법으로 직무를 단순화해야 한다.

마지막으로 영업 활성화이다.

포괄적 의미로 상품 측면에서는 상권 내에서 가격을 가장 저렴하게 유지한다든가, 잘 팔리는 상품 중심으로 구색관리를 강화하거나 또는 친절 접객 서비스 활동을 강화하여 고객의 내점율과 재 구매율을 높여야 한다. 또한 편의성 집객 MD, 즉 미용실, 애완견 센터, 병원 입점, 또는 푸드코트 음식의 맛을 최고로 관리하거나 신규 인기브랜드 입점 등의 방법으로 발길을 돌린 고객을 다시 오게끔 해야 한다.

기업은 이익을 창출해야 존재 가치가 있는 것이다. 따라서 손익관리를 명확히 하기 위해서는 점포 책임자가 손익명세서의 미세한 부분까지 직접 관리하고 제대로 이해해야 한다. 그래야 현 시점에서 점포 이익을 창출하기 위해서는 어느 부분이 취약한지 파악하여 개선 항목을 도출함과 동시에 점포 현실에 맞는 개선 대책을 명확히 세울 수 있는 것이다. 손익관리! 그것은 경리책임자의 업무가 아니라 바로 점포책임자가 관리해야 하는 핵심 업무이다.

〈신세계 손익추이〉

구분	2007년	2008년	2009년
매출액(억)	84,101	88,911	100,016
영업이익(억)	7,658	8,400	9,193
영업이익률(%)	9.1	9.4	9.2
당기순이익(억)	5,006	5,738	5,680
순이익율(%)	6.0	6.5	5.7

one point

기본에 충실한 점포일수록 이익이 많다

√ 점포는 영업활동을 통해 반드시 이익을 창출해야 한다
√ 점포 책임자는 손익계산서를 이해하고 분석할 줄 알아야
한다.

4. 업의 본질에 충실하라

10여 년 전 IMF 시절, 백화점의 매출이 급감하고 많은 기업이 인력에 대한 구조조정이 한참일 때 신세계는 업태의 포트폴리오 구성이 잘 되어, 할인점인 이·마트에서는 인력이 부족할 정도로 매출이 급상승하였다. 경기가 전반적으로 침체되어 서민들의 가계수입이 줄자 당시 가격파괴의 핵심인 이·마트에 고객집중 현상이 발생하였던 것이다.

아마도 그 당시 이·마트의 가격파괴 위력이 일반 고객에게 '이·마트가 확실히 싸다'는 인식이 깊이 인지되었을지도 모른다.

할인점 업의 본질은 '가장 좋은 상품을 가장 저렴하게 판다'는 것으로 규정할 수 있다. 어떤 업종이든 각각의 업종에 맞는 업의 본질이 있다. 그런데 업의 본질과 거리가 멀면 멀수록 영업성과가 창출이 안되는 것이 일반적이다. 한 예로 음식점 업의 본질은 일단은 맛이 있어야 한다. 제아무리 서비스가 좋다 하더라도 본질인 맛에서 고객으로부터 지지를 받지 못하면 지속적으로 성장할 수 없게 된다. 그러다 보니 여기저기서 가격파괴성 마케팅 정책이 쏟아져 나오고 있다. 1,000원 샵 저가 화장품, 1+1 각종 덤 및 파격 할인행사 등 실제 품질 좋고 가격이 파격적인 상품에만 고객이 몰리는 것은 당연하다.

이·마트는 대한민국에서 가장 가격이 저렴한 상품을 판매하는 것을 기본전략으로 하고 있다. 즉, 가장 좋은 상품을 가장 저렴하게 팔고 있는 정책이 어느 정도 고객이 인정하고 있기 때문에 불황기든 호황기든 많이 이용하고 있는 것이다. 실제로 매출과 이익이 전년대비 큰 폭으로 신장한 비결도 따지고 보면 이·마트의 '기본에 충실하고 변화에 적극 대응' 하는 전사적인 경영 모토가 잘 말해 주고 있는 것이다. 또한 한때 전화 멘트도 종전의 "1등으로 고객을 모시겠습니다" 에서 "최저가격으로 모시겠습니다" 로 바뀐 것만 봐도 이·마트의 고객만족 정책은 할인점의 기본(Every Day Lowprice)에 충실하여 실질적으로 고객에게 혜택을 주겠다는 의지로부터 출발하고 있다. 이것이 바로 이·마트 경쟁력의 핵심이다.

불황기를 극복하는 방법은 무조건 가격만 내리는 것이 아니다. 오히려 비 전략적 가격정책은 이익과 매출이 동반 하락하는 문제점을 생성할 수 있으므로, 가격이 내릴 수 있는 시스템 구축, 즉 유통경로 단축, 바잉파워, 고마진 전략상품(PL), 전용상품, 고회전율 상품 등 차별화 상품 발굴 및 저비용 고효율 시스템 구축으로 원가우위 경쟁력을 확보할 수 있는 시스템을 지속적으로 정비해 나가야 한다.

그렇지 않으면 가격인하 및 파괴가 수익구조 개선이 아니라 수익구조 악화의 원인이 될 수도 있기 때문에 신중을 기하여야 한다.

지금은 철수한 외국계 할인점에서 국내 굴지의 생활용품 및 식품 기업인 ○○에게 무조건적인 납품가격 인하 압력을 요구하다가 해당 업체가 이를 거절하고 철수한 사건은 제조업체에 대한 단순 가격인하 요구가 엄청난 폐해를 낳을 수 있다는 대표적인 사례라 할 수 있겠다. 가격이라는 것이 구매에 영향을 미치고 있는 것은 틀림없는 사실이다. 특히 공산품은 가격에 매우 탄력적이다. 그러므로 여기에는 약간의 스킬이 필요하다. 즉 매장 내에 판매하고 있는 모든 상품의 가격을 일률적으로 내린다면 매출과 이익이 오히려 감소되는 효과를 보인다. 따라서 점포에는 각 카테고리별로 매출을 주도하는 파워 아이템(핵심상품)에 대한 전략적 가격운영이 절대 필요하다. 점포의 매출을 주도하고 있는 상위 20%의 매출군은 아무래도 가격에 민감할 수밖에 없다. 바로 이런 파워 아이템에 대한 정기적인 시장조사를 통해서 확실히 싸다는 이미지를 심어 놓는 것이 무엇보다 중요하다.

일반적으로 고객은 자기가 집중적으로 구매하는 아이템의 가격 변화에 민감하기 때문에 기억하고 있는 품목의 가격변화를 통해 '싸다, 비싸다'를 인식하게 되는 것이다. 또한 무조건적인 가격인하는 제조업체로 하여금 상품의 질 저하로 이어지고 고객은 평상시 구입한 상품에 대한 가치를 너무 잘 알고 있기 때문에 비합리적인 가격인하에 따른 품질 하락은 오히려 다시는 고객이 찾지 않는 매장의 원인이 되게 할 수도 있다.

경쟁점을 시장조사해서 가격을 조정하는 것은 매우 단순한 일이며 누구나 다 할 수 있는 일이다. 그러므로 가격을 낮추려면 원가를 낮출 수 있는 방법을 알아야 하며, 가치를 고려하여 가격을 조절할 수 있는 사람이 진정한 프로인 것이다.

따라서 가격경쟁을 하더라도 일률적으로 하지 말고 고객이 싸다고 생각할 수 있는 품목 중심으로 가격경쟁을 하라. 그렇지 않으면 보상해 주는 것이 일률적으로 가격을 내리는 것보다 오히려 득이다. 즉, 모든 상품의 가격을 내리는 것은 매출에 큰 영향은 없으면서 이익만 떨어뜨리는 무모한 짓이 될 수도 있으므로 구매빈도가 높은 상품에 대한 가격을 집중적으로 낮출 수 있는 원가우위 전략구사와 관련 프로세스 및 시스템을 정비하는 것이 고객에게 실질적인 도움이 된다.

결론적으로 최저가격은 '점포 전체의 아이템이 상시 싸지는 않더라도 ○○점포가 싸다'라는 전략적 연출이 필요하다. 그것이 바로 매장 운영 노하우다. 그렇게 하기 위해선 점포에서 가격이 가장 민감하거나 매출 구성비가 높은 핵심품목의 가격설정이 매우 중요하다고 하겠다. 장사가 잘 안될 때 업의 본질이 무엇인지를 재정립해 보기 바란다.

기본에 충실한 점포일수록 이익이 많다

√ 영업성과 부진 시 업의 본질이 무엇인지 재정립하라.
√ 할인점 고객들은 품질도 좋고 가격이 저렴한 상품을 구매하는 매우 지혜로운 쇼핑을 한다.

5. 모든 일을 매뉴얼화하라

할인점 사업을 흔히들 시스템 사업이라고 말한다. 혹자는 요즘같은 디지털 시대에 시스템이 안되어 있는 곳이 어디 있냐고 반문할지 모르겠지만 할인점 수익의 근원은 바로 Low-Cost Operation에 달려 있다. Low-Cost Operation이라는 것이 무조건 비용을 줄인다는 개념으로 이해하면 문제는 풀리질 않는다. 다시 말해 최적의 비용으로 최대의 효과를 창출하기 위해서는 먼저 다양한 각도의 분석 도구와 표준화가 필요한 것이다.

진열대에 상품이나 대충 진열하고 품절이 생기면 다시 채워 놓고 하는 정도로 할인점을 이해하면 낭패다. 여기엔 오묘한 진리와 원칙이 담겨져 있는 시스템이 존재하고 있는 것이다.

한마디로 매장에 진열되어 판매되고 있는 모든 상품에 대한 매입, 매출, 재고 및 마진, 회전율, 무판매, 타점과의 비교실적, 발주현황 등 그야말로 모든 단품별, 장르별 현황이 실시간으로 디스플레이 되어 현장의 매니저가 해결해야 할 문제를 한눈에 파악하여 조치할 수 있게끔 가동되어야 한다.

가령 필자가 지점장 시절 단말기를 통해서 타점 대비 특정 단품의 회전율이 낮아 현장에서 확인 결과 몇 주째 미진열 상태라든가 또는 마진이 높아 확인해 보니 경쟁점 대비 판매가격이 높다든가 정말로 현장을 가지 않고도 단말기를 통해서 문제 발견이 가능해 고객이 원하는 상품과 가격을 적시에 조치할 수가 있었다.

이런 업무는 점포이익의 핵심 생명줄인 정보 시스템이 뒷받침해 주고 있기 때문이다. 대부분의 할인점이 그러하겠지만 이·마트는 이런 시스템에 대한 투자는 아낌이 없다. 바로 이것이 이·마트의 강점이자 이익의 근원이 되고 있는 것이다.

다음으로 중요시 여기는 것이 표준화이다. 이·마트에 가보면 어느 매장이든 매장 구성이 동일하다. 또한 업무 추진 내용도 동일하다. 예를 들면 이·마트의 쇼 카드나 POP는 어느 매장이든 이미지나 아이덴티티가 동일하다. 바로 이것이 표준화에 준거한 업무가 진행되고 있다는 증거다.

갓 들어온 신입사원도 본사의 매뉴얼에 입각하여 문안만 입력하면 행사나 기타 POP 연출물이 자동으로 출력된다. 다시 말해 뭘 어떻게 써야 되나 고민할 필요가 없는 것이다.

이런 표준화의 근간으로 Low-Cost Operation이 가능했기에 이·마트의 매장은 1개월에 4개 점포까지 오픈해도 전사적으로 큰 힘의 균형이 깨지지 않으면서 오픈이 가능한 것이었다.

워낙 표준화가 잘되어 있어 매장 레이아웃 하나 만드는 작업도 대리급 사원이 백지 도면에 쉽게 레이아웃을 그려낸다. 그만큼 레이아웃에 대한 표준화가 탁월하여 사원이 전권을 가지고 일을 한다. 권한을 위임받고 주도적이고 책임감 있게 일을 추진하니 상사가 이러쿵 저러쿵 간섭하지도 않는다. 시스템 및 표준화의 장점은 바로 여기서 여지없이 발휘되고 있다. 따라서 모든 집기와 업무가 표준화되어 있어 처음 업무를 접하는 사원도 별도의 현장 OJT 없이 쉽게 업무를 할 수 있는 것이다.

이런 시스템을 잘 활용하고 있는 곳이 바로 요즈음 창업시장에서 선풍적 바람을 몰고 있는 체인점 사업인 것이다. 본부 입장에서는 표준화된 시스템과 매뉴얼을 가지고 Low-Cost Operation체제를 갖추고 경험이 없는 창업자는 일정 금액의 로열티를 지급하고 그들이 가지고 있는 시스템 노하우를 이용하여 쉽게 창업하고 있다. 시스템 로열티는 다소 비싸지만 창업에 대한 운영 노하우가 없는 사람은 쉽게 이 시스템을 이용하여 오픈에 대한 부담을 줄일 수 있다. 바로 이런 운영체계가 표준화된 시스템에 근간한 것이다.

따라서 점포를 운영함에 있어서 비용을 절감할 수 있는 것은 단순하게 비용을 삭감하거나 적게 사용하는 등 잉여자원의 다운사이징 방법이 아니라 비용이 들어가는 프로세스를 개선하고 최적화하여 표준화하는 것이다. 바로 이런 노하우를 가지고 있거나 만들 수 있는 조직만이 치열한 무한경쟁 사회에서 살아남을 수 있는 것이다.

그러므로 모든 일을 표준화, 단순화하는 것만이 수익의 원천이 될 수 있는 것이다.

기본에 충실한 점포일수록 이익이 많다

√ 시스템화하고, 표준화하는 것이 Low-Cost Operation의 핵심가치이다.

√ 효율개선은 무조건적 비용감축이 아니고, 고비용 저효율 요소를 최적화하고 표준화하는 것이다.

6. 데이터에 근거하여 일하라

소매 유통업이라는 것이 보기에 따라서는 누구나 할 수 있는 것처럼 보인다. 다시 말해 특별한 노하우나 경험이 없어도 운영이 가능하다고 생각할 수 있지만, 만약에 그런 생각이라면 그 점포는 얼마 안 가서 문을 닫을 수도 있다. 요즈음은 어느 기업이든 고객관리는 철저한 데이터와 시스템에 의해서 운영되고 있다. 하루에 수 억을 파는 점포가 주먹구구식으로 대충 대충 해도 된다고 생각해 보라. 할인점이 시스템 사업이라고 얘기하는 이유는 철저한 Low-Cost Operation이 되기 위해 데이터에 준거한 일이 추진되지 않으면 안되기 때문이다. 가끔 동네 슈퍼에 가면 금전 등록기로 계산업무를 하고 있지만 하루에 얼마 팔고 얼마 남고 하는 일련의 수익관리 비즈니스가 얼마나 잘되고 있을까 의구심을 느낄 때가 종종 있다.

한마디로 지금은 대부분의 할인점에서 그러하지만 이·마트의 시스템은 거의 완벽하게 구축되어 있어 수작업으로 할 게 전혀 없다. 본사에서는 어느 지점장이 데이터를 잘 활용해 업무를 하고 있는지도 파악할 수 있을 정도니 점포에서 일하고 있는 전 매니저들은 하루 종일 데이터에 파묻혀 산다 해도 과언이 아니다.

그러다 보니 가끔씩 외부인들로부터 "이·마트 직원들과 얘기하다 보면 너무나 논리가 정연하여 인간미가 없다"라는 말을 종종 듣는다.

어쨌든 10만 개 이상의 상품군을 단품별로 체계적으로 관리하기 위해서는 데이터에 근거한 업무 및 분석이 훨씬 효율적이기 때문에 관련 담당 및 팀장들과 업무를 공유할 때에도 비교적 성과 있는 일 처리가 가능해졌다.

요즈음은 아무리 작은 점포라 해도 시스템은 운영되고 있지만 문제는 그런 시스템을 어떻게 활용하여 업무의 효율성을 올릴 수 있는지가 관건이다. 그저 점포책임자 본인의 머리만 믿고 모든 업무를 추진하는 주먹구구식은 아닌지, 모든 기업이 투명경영을 추구하고 있는 이 시점에서 내 점포의 사각 지대에서 불투명한 업무가 이루어지고 있지는 않은지 세심하게 챙겨 보아야 한다.

기본에 충실한 점포일수록 이익이 많다

√ 모든 영업의 질은 데이터가 말해 준다.
√ 작은 편의점도 주먹구구식이 아닌 최첨단 과학적 분석시스템으로 효율성을 제고한다.

7. 콘셉트를 확실히 하라

유통업뿐만 아니라 요즈음은 어느 장르든 콘셉트라는 말을 참 많이 사용한다. 예를 들면 바겐세일 및 행사전단 광고 콘셉트는, 오늘의 의상 콘셉트는, 점포개발 콘셉트는, 상품 및 브랜드 콘셉트는 등 그야말로 전문가들 사이에서 일상적인 용어가 되었다.

이런 측면에서 할인점은 '가장 질 좋은 상품을 가장 저렴하게 파는 것'이 핵심가치라고 할 수 있다.

다시 한 번 가격파괴 바람이 불고 있다. 요즈음 회자되고 있는 할인점 업계의 화두는 신 가격혁명이다. 이·마트, 롯데마트가 주축이 되어 서로 가장 저렴한 상품을 팔고 있음을 홍보하고 있다. 다시 말해 할인점 기본에 충실하겠다는 전략인 것이다. 그러나 공산품이 가격소구에 포인트를 맞추고 있다면 다른 한편으로는 중국산 패션상품이 아닌 종전의 백화점에서나 볼 수 있는 유명 브랜드들이 할인점 시장 지배력에 편승해 할인점의 고급화를 서두르고 있다.

최근에 신세계 백화점의 패션매장을 이·마트에 입점하여 상생하겠다는 전략도 같은 맥락이라 할 수 있다. 실제로 필자가 지방 점포에 근무할 때 지방의 중소 도시에는 백화점이 거의 전무했기 때문에 지방의 할인점은 서울과 수도권과는 달리 백화점의 기능을 동시에 수행해야 했다. 그래서 일부 지방에서는 '이·마트 백화점'이라는 얘기가 나올 정도였다. 이처럼 최근에는 할인점 고객의 욕구를 충족시키기 위해서 부분적으로 할인점의 고급화로 콘셉트를 바꾸어가고 있다.

해외 명품가전, 한방 화장품, 수입의류 등을 백화점이 아니라 할인점에서 파는 것들이다. 2003년도에 할인점 매출이 사상 최초로 백화점을 앞지르면서 할인점의 바잉파워가 커지자 고급 브랜드들이 할인점 영업을 강화하고 있는 것이다. 태평양의 '아이오페', LG의 '이자녹스', 한방화장품 '수려한', 로레알 파리, 일렉트로닉스, 지멘스, 아에게, 켐브리지멤버스, 크리스찬디오르, 뱅뱅, 인터크루, 아식스, 르카프, 프로스펙스 등이 할인점에 입점하고 있다. 최근에는 홈플러스와 롯데마트에서도 해외 유명 톱 브랜드까지 속속 입점하고 있는 모습들이 언론에 보도되고 있을 정도이다.

또한 상권별로 웰빙 전문샵, 와인 전문샵, 스포츠 전문샵을 오픈하여 종전의 할인점과 다른 콘셉트로 경쟁력을 강화해 나가고 있다.

통상 할인점은 상품군을 크게 식품, 공산품, 패션장르로 분류한다. 특히 이·마트는 신선식품은 선도관리를 핵심역량화하여 고객을 집객하고, 공산품은 최저가격으로 경쟁점을 장악하고, 패션상품은 마진확보 개념으로 MD운영을 하고 있다. 따라서 이제는 할인점도 무조건 싸게 파는 개념이 아니라 가격소구 상품과 패션지향 상품의 콘셉트를 분명히 하여 백화점과 차별화하고 있는 것이다. 불과 10여 년 만에 비좁고, 창고같은 쾌적하지 못한 매장에서 상품을 싸게 판다는 콘셉트가 이제는 고객의 욕구에 적극 부응하여 점포와 MD가 신 트렌드로 바뀌어 가고 있는 것이다.

기본에 충실한 점포일수록 이익이 많다

✓ 티켓고객을 명확히 하여 점포를 운영하라.
✓ 집객 MD와 매출 MD를 적절하게 믹스하여 이익을 관리하라.

8. 현장에서
답을 찾아라

사업을 하다 보면 본의 아니게 여기저기 관련 단체에 관여할 수밖에 없는 상황이 종종 있다. ㅇㅇㅇ모임, ㅇㅇㅇ협의회, ㅇㅇㅇ친목회, ㅇㅇㅇ향우회, ㅇㅇㅇ동우회, ㅇㅇㅇ후원회 등 아마도 우리나라처럼 끼리끼리 모임을 좋아하는 나라도 없을 것이다. 그러다 보니 자연스럽게 본업을 게을리하게 되어 사업에 대한 관심도 떨어질 수밖에 없는 상황이 연출된다. 마찬가지로 점포의 책임자도 현장을 수시로 점검하고 지도하고 개선하는 일을 멀리하고 서류 중심으로 일을 추진하다 보면 업무가 수박 겉핥기식으로 진행될 수밖에 없다. 결국 고객의 욕구와는 점점 거리가 먼 상품과 서비스를 제공하게 된다.

사실 모든 문제는 현장에서 발생한다. 따라서 현장에서의 기동성 있는 업무추진이 경쟁력 향상의 근간이 되는 것이다. 필자가 백화점 영업

팀장으로 근무할 때 모 점장은 플로우 매니저(FM) 시절 하루에 매장을 30바퀴 순회하는 것을 목표로 하여 다람쥐 쳇바퀴 돌듯이 매장을 순회했다고 한다.

겉으로 보면 별로 할 일이 없이 매장을 순회하는 것처럼 보이지만 현장 중심의 일을 하다 보면 영업책임자가 해야 할 일들이 자동적으로 눈에 띄게 되는 것이다. 또한 늘 직원들과 함께 생활하다 보면 결재할 일도 단축되고(물론 지금은 모든 일이 전자 결재로 처리되고 있지만), 친밀감도 생겨 현장에서 발생할 수 있는 문제 발견과 해결이 훨씬 용이해지는 것이다. 한마디로 점포책임자는 신발이 닳아 없어질 정도로 현장을 구석구석 다녀야 한다.

홈플러스의 이승한 회장은 처음 발령받은 신임지점장에게 구두와 이름이 새겨진 의자를 선물로 제공한다고 한다. 지점장으로서의 자긍심과 현장 중심의 일을 하라는 의미로 해석된다. 사실 필자도 할인점 근무 시절 전체 근무 시간의 60% 이상을 매장에서 살았던 것으로 기억한다. 직원들과 동일하게 청소도 하고 여직원과 함께 고객만족센터에서 교환, 환불 업무도 하며 고객의 소리를 경청하기도 했다. 또한 계산대(POS)에 투입되어 직접 계산도 하며 캐셔의 업무를 체험해 보기도 하고, 판매사원과 곤돌라에 진열도 하면서 후방 정리정돈, 주차 안내도 해보았다. 때로는 단말기로 직접 발주도 하는 등 다각도로 계층별 업무를 체험하면서 문제를 발견하거나 토의하는 현장 중심의 일을 추진하곤 했다. 따라서 모든 문제를 현장에서 발견하고 현장에서 답을 찾을 수 있다는 확신을 가지고 실천한다면 고객(내부 및 외부고객)의 고충과 문제

파악이 가능해져 고객만족경영을 현실감 있게 추진할 수 있다.

점포 경영자나 매니저는 현장에서 살고 현장에서 죽을 각오, 즉 '현생현사'의 열정으로 일해야 한다.

흔히들 소매영업은 정답은 없고 오로지 해답만 있다고 한다. 역으로 얘기하면 장사만큼 어려운 것도, 쉬운 것도 없다고 할 수 있다. 즉 많이 파는 사람이 진리요, 해답이다.

따라서 현장에서의 고객의 소리 한마디 한마디가 곧 수익의 근원이라는 사실을 망각해서는 안된다. 고객과 늘 대화하고 현장에서 살아라. 그 길만이 무한경쟁 속에서 생존할 수 있는 현장경영의 실천적 행동이다.

기본에 충실한 점포일수록 이익이 많다

√ 모든 문제와 답은 현장에 있다.
√ 매니저가 현장업무를 직접 체험하면 문제점을 쉽게 파악하고 조치할 수 있다.

9. 현장 매니저에게
권한을 위양하라

조직생활을 하다 보면 참 많이 사용하고 있는 용어 중의 하나가 '권한위양(Empowerment)' 이다. 오늘날 기업경영에서 그 중요성이 강조되고 있는 것 또한 이것이다. 경영자는 권한 위양을 통해서 보다 중요한 전략적 업무에 집중하여 업무의 효율성을 추구하고, 동시에 직원들을 보다 더 책임감 있고 유능한 관리자로 훈련시킬 수 있는 기회도 얻게 되는 것이다. 말은 쉬운데 실천이 잘 안되는 부분이다.

아마도 예전보다는 많이 개선되어가고 있지만 우리나라 사람처럼 권력(권위)에 집착하고 있는 나라도 흔치 않을 것이다.

통상 서비스 접점인 현장에서 일하다 보면 다양한 문제가 발생하는데 이때 고객과의 대화 중 '회사 규정상, 윗분이 안 계셔서, 제가 담당이 아니라서, 이것은 이래서 안되고 저건 저래서 안된다' 는 등 고객에게 온통 안된다는 얘기만 한다면 과연 고객이 느끼는 점포 이미지는 어떠할까? 아마도 상당한 인내력을 요구할지도 모른다.

필자가 과거 군 생활을 할 때 '선조치, 후보고' 라는 말이 아직도 기억이 난다. 전역한 지 20여 년이 넘었지만 아직도 그 말이 생각난다는 것은 오랫동안 영업현장에서 일한 필자로서는 매우 중요한 일이 아닐 수 없다. 왜냐하면 영업 현장에서 발생하고 있는 일이나 전선에서 발생할 수 있는 일이 거의 유사하기 때문이다.

적이 침투하고 있는 상황에서 초병이 보고할 수 있는 시간적 여유가 없을 긴박한 상황일 때 언제 상사에게 보고하고 조치를 받겠는가? 이때는 누가 뭐라 해도 초병이 조치할 수 있는 모든 수단과 방법을 강구하여 선조치하고 후보고하는 체제가 가장 이상적인 문제 해결 프로세스라고 할 수 있다.

마찬가지로 영업현장에서 항상 상사가 내 옆에 대기하고 있는 상황이 아닐진대 언제 규정 따지고 상사 찾고 할 것인가? 이런 측면에서 이·마트는 고객접점에 있는 사원이 누구든 간에 고객에게 최선의 방법으로 조치할 수 있도록 분위기를 조성하고 있다. 이것이야말로 자연스러운 권한위양이 아니겠는가? 그러다 보니 자연스럽게 조직의 리더가 부재 중임에도 불구하고 업무는 잘 돌아가 오히려 업무의 효율성이 향상되는 것이다.

이처럼 현장근무자에게 합리적 책임을 부여하여 최선의 방법으로 고객을 만족시키는 현장 문제해결 시스템이 이·마트의 점포 수익창출의 근원이 되고 있는 것이다.

권한위양! 어렵게 생각할 것 없다. 현장에 있는 모든 직원이 회사의 대표로 생각하고 일을 추진하게 하라. 서비스 개선, 업무효율, 조직 활성화가 간단히 해결된다.

고객이 원하는 대로 행동하라. 이것은 회사 규정을 어기고 일하라는 것이 아니다. 고객의 요구는 회사의 어느 규정보다 막강한 상위 개념의 법인 것이다.

기본에 충실한 점포일수록 이익이 많다

√ 현장직원의 책임 있는 행동이 고객만족을 위한 최고의 의사결정이다.
√ 현장직원에게 합리적인 권한과 책임을 부여하라.

10. 업에 맞는 인력을 확보하고 육성하라

일은 사람이 하는 것이기 때문에 아무리 시스템이 중요하고 우수하다 한들 이를 운영하는 인력의 질이 기대 이하일 경우 그 업무성과는 큰 차이가 있다.

이·마트의 최대 강점 중의 하나가 바로 여기에 있다. 팀장급 이상 대부분의 인력이 바로 신세계 출신이다. 또한 지연, 학연 등 파벌주의와 계층 간 불협화음이 거의 없을 정도로 조직문화가 합리적이다. 이것은 경쟁사에서는 감히 상상할 수 없는 내용이다.

문화의 동질성을 갖는다는 것은 일사불란한 조직을 필요로 하는 업태에서는 엄청난 시너지를 발휘할 수 있다.

요즈음은 IMF 이후 노동시장의 유연성과 연봉제 실시 등 사회 전반적인 분위기가 헤드헌트에 의한 인력 수급이 과거 어느 때보다도 활발히 움직이고 있다.

또한 기업 입장에서도 한 날 한 시에 많은 인력을 채용하는 시스템에서 상시 채용 개념으로 전환됨에 따라 적재적소에 인력의 충원이 자연스럽게 일어나고 있다.

통상 소매점은 육체노동이다 보니 지식경영이 중요치 않다고 생각할지 모르지만 서비스업도 따지고 보면 지식경영을 잘해야 고객도 잘 모실 수 있는 것이다.

잘못 생각하면 머리만 좋은 사람이 우수한 인재라고 여길지 모르지만 다양한 업종 및 업무 특성에 따라 인재의 정의는 다르다.

가령 유통 및 판매 서비스업은 강인한 체력, 조직을 유연하게 끌고 나갈 수 있는 탁월한 리더쉽, 대인관계, 유연한 사고 및 행동, 교섭력, 상담스킬, 추진력, 친화력, 서비스 마인드, 몸에 밴 친절, 밝은 인상, 문제 발견 및 해결능력, 성실성, 도덕성, 도전정신, 불타는 열정 등을 가장 핵심적인 요소로 꼽고 있다. 그야말로 업에 맞은 소매업 근무가 가능한 것이다.

흔히들 얘기하는 빨간 날인 공휴일, 주말도 포기해야 하는 열악한 환경 속에서 근무할 우수 인력을 찾는다는 것은 그리 쉬운 일이 아니다. 이런 측면에서 신세계 이·마트는 오랜 기간 묵시적으로 실천해 오는 것이 있다. 바로 업계 최고의 대우이다. 이·마트의 연봉은 과히 경쟁업계와 비교가 될 정도로 탁월하다. 뿐만 아니라 신세계 정용진 부회장은 "직원들이 회사에 감동해야 고객을 최고로 섬긴다"라는 말을 항상 강조하면서 최근에는 직원 편의시설과 서비스 개선에도 팔을 걷어붙였다는 후문이다.

이것은 신세계 경영층의 합리적 조직 운영 결과라 할 수 있다.

요즈음은 인력시장이 수요보다 공급이 과잉되는 시대이다. 따라서 과거 어느 때보다 기업 입장에선 우수한 인력을 확보할 절호의 찬스이다. 하지만 그들도 언제든지 조직을 이탈할 가능성도 배제할 수 없는 것이다.

문제는 기업이 우수한 인력을 확보하는 것도 중요하지만 경험과 조직문화에 긍정적인 기존의 우수인력이 열정과 의욕을 가지고 지속적으로 일을 할 수 있게끔 비밀병기를 가지고 있어야 한다는 것이다. 이는 신규고객을 확보하기 위하여 투입되는 마케팅 비용보다도 기존 고객을 활성화시키는 비용이 훨씬 저렴한 것과 동일한 논리라 할 수 있다.

기업은 곧 사람이다. 따라서 그 사람이 열정과 집념을 가지고 일할 수 있는 핵심적인 동기부여 요소를 끊임없이 개발하고 제공해야 한다.

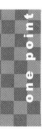

기본에 충실한 점포일수록 이익이 많다

√ 유통업은 팔방미인의 자격요건을 갖추어야 한다.
√ 열정과 도전의식으로 일할 수 있는 동기부여를 끊임없이
　제공하라.

11. 아르바이트도 지점장이 직접 면접하고 채용하라

오래전 얘기이지만 필자가 삼성그룹에 입사하여 신입사원 입문교육 시 기억에 남는 삼성 정신 중의 하나가 '인재제일' 이었다. 문제는 말은 쉬운데 그런 사람을 채용한다는 것이 생각보다 쉽지 않다는 얘기다.

특히 할인점처럼 다양한 부류의 사람들이 하나의 공동된 목표와 비전을 향해 일한다는 자체가 쉽지 않은 일이다. 일은 같은 매장에서 하지만 파견된 협력직원들은 소속회사가 다르기 때문에 더욱 어려운 것이다. 즉 직영사원, 협력사원, 아르바이트, 용역사원, 행사사원 등등 각자의 환경과 가치관이 너무 다르다.

아마도 유통업처럼 사람의 중요성을 더욱 실감나게 느끼게 하는 곳은 없는 것 같다.

필자가 점포 근무 시절 할인점에 맞는 서비스에 대해 고민하고 있을 때 가장 효율적인 방법은 점포에 근무하는 직원채용 시 지점장이 직접 면접을 보고 근무 전 8시간 입문교육을 지점장 책임 하에 실행한다는 원칙을 세운 것이다.

뭐 작은 조직에서야 그리 어려운 일이 아닐 수도 있지만 몇 백 명이 근무하는 매장에서 하루에도 10여 명의 아르바이트 사원이 교체되는 상황을 고려할 때 지점장이 직접 면접을 보고 교육을 한다는 것은 생각보다 쉽지 않은 얘기다. 하지만 이렇게 실행하니, 다음과 같은 성공적인 결과를 얻을 수 있었다.

첫째, 지점장이 면접을 보고 채용하니 지점장과의 사전교감으로 매장순회 시 사원과의 커뮤니케이션이 종전보다 훨씬 잘된다는 것이다. 즉, 친근감을 바탕으로 사원들이 가지고 있는 생각과 문제가 쉽게 파악되고 조치가 가능해짐으로써 조직이 활성화되었다.

둘째, 점포에 적합한 맞춤형 사원채용이 가능해져 서비스의 질적 수준이 향상되었다. 단 하루를 근무하는 아르바이트일지언정 면접 시 표정관리, 태도, 목소리, 서비스 마인드가 골고루 파악이 돼 소매업에 적합한 사원채용이 가능해졌다. 이렇게 계속하다 보니 어떤 날은 매장에 근무할 행사사원이 급히 필요하지만 수준 이하의 사원일 경우에는 한 명도 채용을 안 하는 날도 있었다. 물론 매장 실무 담당자 입장에서는 인력충원에 다소 문제가 있었지만 고객이 느끼는 친절도와 CS 접객력은 지속적으로 향상되고 있었다.

셋째, 업무의 효율성이 향상되었다.

채용된 사원에 대해서는 개별 근무 관리시스템을 만들어 근무성적이 좋은 사원에 대해서는 점포를 떠난 후에도 차후 재 근무신청 시 면접과 입문교육을 면제하는 제도를 만드니 사원채용과 점포업무가 매우 효율적으로 전환되었다.

즉, 점포에서는 고객이 원하는 서비스를 공감하는 사원이 계속 늘어 접객 수준은 일정 수준 이상에서 유지관리가 되었고 또 지점장의 채용 업무도 시간이 가면 갈수록 단축되는 모습을 보였던 것이다. 직원의 탁월한 접객 서비스가 곧 점포의 경쟁력이자 수익의 근간임을 다시 한 번 확인한 셈이다.

기본에 충실한 점포일수록 이익이 많다

√ 부문별로 업종에 적합한 직원을 채용하고 교육하라.
√ 직원과 눈높이를 맞추어 소통하라.

12. 조명으로 매장을 생동감 있게 만들어라

필자가 영업현장을 방문하면서 꼭 보는 것이 매장 내 조명상태이다. 나름대로 정리된 결론은 꺼진 조명이 많은 매장일수록 영업실적이 대체로 나쁘다.

사무실 주변의 음식점으로 식사를 가면 식당 홀이나 매장 구석진 곳에 전등을 꺼놓거나 깨진 전등을 방치해 둔 점포가 종종 눈에 띈다. 물론 점주 입장에선 불필요한 전기 요금이라도 아껴볼 심산으로 그러했을 것이라 추측해 보지만 상당히 경계해야 할 일이다.

업무상 사람을 만나다 보면 여러 표정의 얼굴을 접한다. 어두운 표정, 기쁜 표정, 밝은 표정, 찡그린 표정 등등. 그러나 뭐니 뭐니 해도 역시 호감이 가는 얼굴은 밝은 표정과 미소를 짓는 얼굴이다.

중국속담에 '웃는 얼굴이 아니면 장사를 하지 말라' 는 말이 있듯이 매장의 밝은 모습은 아무리 강조해도 지나침이 없는 듯하다.

기분이 유쾌하지 않은 상황에서 상대방의 밝은 표정을 보면 덩달아 나까지 밝아지는 것은 어쩔 수 없는 것 같다. 말 그대로 이왕이면 다홍치마다.

특히 식당에서 식사하면서 가장 즐거워야 할 때 음식의 맛깔스러운 부분까지 오감으로 느끼지 못한다면 아마도 그 식당을 다시는 찾지 않을 것이다. 또 왠지 우중충한 분위기 속에서는 음식 맛도 별로 없고 즐거움도 없어 보인다.

풍수지리를 전문적으로 연구하는 사람들은 실내의 조명은 기의 흐름을 원활히 하는데 필수적인 요소라고 한다. 특히 주방의 밝은 조명은 음식을 만들 때 기의 흐름을 좋게 하고 음식을 위생적으로 조리하게 하여 가족의 건강에 매우 강하게 영향을 미친다고 한다.

또한 구석진 곳에 상향등의 조명을 설치하거나 화장실같이 음기가 많은 곳에 조명을 밝게 하면 가족의 화목과 건강을 유지하는데 매우 중요한 원동력이 된다고 한다.

이처럼 매장 내 밝고 적절한 조도관리는 고객을 더욱 생동감 있고 활기차게 쇼핑하게 하거나 상품을 매력 있게 만들어 신선도를 높여 주기도 한다. 특히 할인점에서 식품매장의 조명은 신선식품의 가치를 높이는데 매우 주요한 역할을 한다. 통상 할인점 매장의 조도는 1,500룩스 이상을 유지한다.

아마도 할인점의 대표적인 특성 중의 하나가 매장이 매우 밝다는 것이고 이와 같은 현상은 편의점 매장에서도 느낄 수 있는 부분이다. 일반

매장과는 달리 대부분 직접 조명을 사용하고 있다. 필자가 지방 점포에서 근무하던 시절 고객으로부터 매장이 너무 어두워 상품이 싸구려처럼 보인다는 고객의 소리를 접하고 관련 부서와 협의해 보니 600룩스의 매우 낮은 조도를 보여 매장 리뉴얼 시 1,500룩스 수준의 조도로 바꾸었다. 그 이후 동일한 상품임에도 불구하고 상품의 가치가 훨씬 더 있어 보인다는 얘기를 고객으로부터 들었다. 최근에 오픈한 점포가 아닌 오래된 점포일 경우에는 천장의 조도를 높이기 위해 전등을 세척하는 활동만으로도 기존 조도의 1.5배를 향상시킬 수가 있다.

점포 영업을 할 때는 직접 조명이든 간접 조명이든 그 상품의 가치를 높이고 내점율을 높일 수 있는 조명을 효과적으로 잘 활용할 줄 알아야 한다. 비용을 절감하기 위한 소등은 매출이 감소되어 비용이 오히려 증가되는 현상을 가져올 수 있음을 다시 한 번 기억하기 바란다. 또한 매장 내 구석구석 기의 흐름을 원활히 하기 위해서라도 밝은 조명은 영업 활성화에 필수적이라는 사실도 인지해야 한다.

기본에 충실한 점포일수록 이익이 많다

√ 판매점은 최대한 밝고 쾌적하게 꾸며라.
√ 조명은 기의 흐름을 원활하게 할 뿐만 아니라 상품의 선도를 높여 재고의 질을 좋게 한다.

13. 매장과 동일한 수준으로 후방을 만들어라

오래전 집사람이 보다 쾌적하고 청결한 생활을 하기 위하여 비데를 설치하자고 제안했다. W사의 제품이라 아주 좋다고 해서 거금을 들여 설치를 했다. 처음엔 기분도 이상하고 해서 잘 적응이 안되었지만 지금은 사용하지 않으면 오히려 불편하다. 사실 겉모습은 그럴 듯하지만 보이지 않는 곳이 그 반대인 경우를 종종 경험하곤 한다. 이것은 '사람은 겪어 보아야 안다' 는 것과 맥을 같이 한다.

보통 유통업은 매장의 화려한 겉모습과는 달리 상품을 적재 및 보관하는 후방(창고), 즉 보이지 않는 곳에서의 오퍼레이션이 곧 매출 활성화의 근간이 되고 있다. 아마도 체계적으로 정리정돈이 되어 있지 않은 점포나 여기에 큰 관심이 없는 점포 관리자는 잘 이해가 안 갈 수도 있다.

이·마트에서 후방(창고)은 제2의 매장으로 인식하여 매장에 진열된 상품과 동일한 수준으로 진열되도록 관리하고 있다. 즉 매장에 상품이 박스 진열로 되어 있으면 박스 진열로, 누드 진열로 되어 있으면 후방도 누드로, 매장에 후크로 진열되어 있으면 후방도 후크로 진열되어 있어야 한다. 이것이 이·마트식 후방진열 관리기법이다. 참 쉽지 않은 일이지만 이·마트는 1년 여의 시간을 소요하여 전 점포가 매장과 동일한 수준으로 후방 관리가 되게끔 하였다.

또한 후방관리는 상품을 쉽게 찾아 매장에 신속한 보충 진열을 하게 하고 이로 인한 판매기회 로스를 최소화하는 것을 목적으로 하기 때문에 항상 이동 가능한 상태로 정리 정돈이 돼야 한다.

따라서 영업이 활성화되어 있는 점포일수록 후방의 정리정돈 상태가 잘 되어 있고 매장에는 항상 볼륨감 있는 상품 진열과 결품·품절은 거의 찾아볼 수 없기 때문에 고객은 항상 원하는 상품을 원하는 때에 원하는 양만큼 구매가 가능하다.

특히 후방관리가 미흡하면 상품의 파손, 보충진열 지연, 품절상품 과다, 창고 용적률 저하, 과다재고, 재고 및 매출기회 로스, 비용증가 등의 문제점이 발생하기 때문에 후방은 항상 매장과 동일한 수준으로 관리되도록 해야 한다.

이를 효율적으로 운영하기 위해서는 상품 특성에 맞는 진열대 설치와 아이템별 페이싱(Facing), 물류동선 재설정, 상품 속성별 보관, 즉 고회전 상품은 후방 입구에 저회전 상품은 후방 안쪽에, 가벼운 상품은 상단에 무거운 상품은 하단에 보관해야 한다. 또한 틈틈이 발생하는 불량

상품에 대해서는 별도의 공간을 마련하여 정상적인 상품을 신속하게 보충 진열하는 데에 지장을 주지 않도록 관리해야 한다. 또한 불량상품은 즉시 조치하여 후방에는 항상 생물처럼 신선감 넘치는 상품으로 준비되어야 점포의 효율이 극대화되는 것이다.

후방관리가 미흡한 매장일수록 정도영업에 문제가 되는 상품이 종종 발견되곤 한다. 안 보이는 곳을 보이는 곳과 동일한 수준에서 관리하는 것! 이것이 소매점 매장운영의 핵심이라 하겠다.

기본에 충실한 점포일수록 이익이 많다

√ 후방은 상품 적재장소가 아니라 대기장소이다.
√ 후방을 보면 매장 운영수준을 알 수가 있다.

14. 청결하고 깔끔한 모습을 유지하라

이·마트가 할인점으로서 국내에 처녀 출점하고 외국계 창고형 회원제 할인점이 국내에 상륙하였을 때만 해도 백화점과 할인점의 분위기는 확연히 차이가 났다.

가장 눈에 띄는 차이가 할인점은 상품가격이 싸서 그런지 매장도 고급스럽지 못하고 쾌적하지도 못했다. 그러나 불과 몇 년 전부터 할인점의 이런 분위기가 백화점을 능가할 만큼 완전히 바뀌어가고 있다. 한마디로 깨끗하고 위생적이고 쾌적한 분위기로 바뀌고 있다.

한때 신세계 백화점 식품 하면 타의 추종을 불허할 만큼 상품의 품질, 서비스, 위생관리 등이 최고였다. 하지만 신세계 대주주가 몇 년 전신세계 백화점 강남점을 오픈할 때 백화점 대표에게 '식품은 이·마트에서 배워라'할 정도로 이·마트의 선도 및 청결관리 수준이 매우 뛰어남을 극찬하였다고 한다.

이것은 할인점을 이용하는 고객의 수준이 그만큼 빠르게 변화하고 있고 이런 변화를 이·마트에서는 놓치지 않고 고객의 욕구에 적극 대응한 셈이다. 바로 이런 점을 외국계 할인점에서는 글로벌 스탠더드다 뭐다 해서 자기네 식대로 운영하며 간과하고 있는 것이다.

그러나 대한민국 토종 할인점은 달랐다. 아마도 독자분들도 할인점을 다녀 보면 이·마트가 다른 할인점보다 바닥이 구두 광나듯이 깨끗한 모습을 보았을 것이다. 이·마트 대표이사가 매장 순회 시 지점장에게 질문하는 내용이 바로 바닥의 광택도이다. 문제는 이 바닥의 광택이 하룻밤 사이에 금세 만들어지는 것이 아니기 때문에 대표이사로서는 지점장의 평상시 청결관리 마인드를 파악할 수 있는 척도로 인식하고 있는 것이다.

이·마트의 청결 콘셉트는 더러워진 매장을 깨끗하게 하는 것이 아니라 '깨끗한 매장을 항상 깨끗하게 유지 관리하는 것' 이 핵심 포인트이다. 왜냐하면 고객은 백화점에 준하는 쾌적하고 깨끗한 매장을 선호하기 때문에 특히 종업원의 복장이나 푸드코트 직원의 위생모, 위생장갑 착용 여부 등은 매우 중요한 관리 포인트가 아닐 수 없다. 점포영업을 하고 있는 점주나 관리자는 화장실 청결관리가 고객을 집객하는데 매우 중요한 고객관리의 접점임을 인지해야 한다.

과거와는 달리 요즈음의 화장실 개념은 옛날과 사뭇 다르다. 그만큼 화장실은 고객의 필수적인 생활의 일부분인 것이다. 요즈음 화장실의 비데 설치는 차별화전략이 아닌 기본이라고 할 정도로 고객의 욕구가 기대 이상이다.

고속도로 휴게소의 화장실만 보아도 대한민국의 의식수준이 상당히 높아져가고 있음을 알 수 있고 이용하는 많은 고객들도 그저 지나가다 쉬는 곳이 아니라 시설이 좋은 곳을 지정하여 쉰다고 할 정도이다. 최근 한 통계에 의하면 고속도로 휴게소 중에서 가장 고객선호도가 높은 곳이 영동고속도로에 있는 덕평 휴게소로 상반기 전국 고속도로 휴게소 중 매출액이 1위라고 한다. 휴게소의 모든 시설이 철저하게 고객 중심으로 이루어져 있음을 입증한 결과라 하겠다.

필자도 지점장 시절 틈나는 대로 화장실 청소를 직접 하기도 하고, 청결한 화장실이 곧 점포의 경쟁력이라는 생각을 가지고 다각도로 개선 활동을 한 결과 충주시장으로부터 화장실 우수관리점포라는 표창을 받기도 했다.

삼성 에버랜드에 가면 인상적인 것이 그 큰 놀이공원이 매우 청결하다는 사실이다. 이용객이 많으면 더러울 법도 한데 말이다. 그 이유는 대졸사원이 입사하면 2주 동안 다른 일은 안 하고 그린키퍼로서 에버랜드 내의 휴지를 줍는다든가, 직원이 간부로 승격하면 축하인사에 앞서 집게와 흰 장갑을 지급하여 솔선수범해서 담배꽁초도 줍고 휴지도 줍게 한다는 것이다. 그만큼 에버랜드의 청결에 대한 마인드가 남다르다고 할 수 있다.

한때 신규 오픈하는 식당마다 매장 분위기가 퓨전형이 유행했던 시절이 있었다. 즉 음식은 토속적인데 홀만큼은 모던하거나 쟨 분위기 등 젊은이들이 좋아하는 깨끗하고 감성적이면서도 깔끔한 인테리어가 필수적으로 따라 붙고 있었다. 마찬가지로 상품이 싸다고 해서 할인점 매장도 싼티 나는 쾌적하지 못한 매장을 고객은 원하지 않는다.

요즘같은 무한경쟁 시대에 점포의 경쟁력은 곧 매장의 청결관리로부터 나온다는 사실을 다시 한 번 생각할 때이다. 즉, 어려울 때일수록 기본에 충실해야 한다.

기본에 충실한 점포일수록 이익이 많다

√ 청결은 더러운 것을 깨끗하게 만드는 것이 아니라 깨끗한 상태를 유지하는 것이다.
√ 고객은 청결하고 쾌적한 매장에서 쇼핑하길 원한다.

15. 원칙과 기준을 가지고 일하라

언젠가 언론매체에 보도되었던 이슈 중의 하나가 쓰레기 만두사건과 ○○전자의 압력밥솥 폭발사건으로 인한 리콜 사건이다. 경위야 어떠하든 이 사건으로 만두회사 사장이 한강에 투신자살하고, 유통업에서는 매장에서 팔고 있는 만두를 모두 철수함과 동시에, 고객에게는 영수증이나 먹다 남은 봉지라도 있으면 100% 환불해 주었다. 이로 인해 만두회사, 유통업체, 소비자 모두가 피해를 보았다.

또한 유통업체는 경기침체로 소비심리가 급랭한 상황에서 고객 수까지 급감하여 매출 감소가 불가피해졌고 기업에 대한 고객의 신뢰는 무참히 무너져 버렸다.

한편 ○○전자는 50,000원을 주고서라도 회수되지 않은 3,600여 개의 밥솥을 회수하느라 혈안이 되었으며 폭발사건으로 인한 기업 이미지에는 금액으로 환산하지 못할 정도로 손해를 끼쳤다고 한다. 지금까지 기업이 돈을 주면서 리콜을 하는 캠페인은 극히 이례적인 일이었다고 한다.

이·마트에서는 매장에 판매하고 있는 상품이 법적으로 문제가 없는지를 조사해 관련부서 및 협력회사에 통보하고 문제 상품은 즉시 철수 및 본사에 피드백하여, 고객이 믿고 살 수 있도록 매장을 지원하는 준법 담당자가 있다. 가령 원산지 표기, 가격표시 관련, 유통기한, 허위 과장 광고 등 고객 입장에서 문제의 소지가 있다고 예상되는 상품 및 표시물은 전부 탄핵 대상이다. 또한 준법영업은 신세계의 윤리경영 차원에서도 강도 있게 추진하고 있는 테마 중의 하나로 비중 있게 다루고 있다. 이 모두가 신뢰를 밑바탕으로 한 고객만족 경영전략이다.

신뢰는 쌓기는 힘들어도 무너지기는 매우 쉽다. 또한 무너진 신뢰를 다시 회복하기 위해서는 엄청난 마케팅 비용이 투입되어야 한다. 이것이 이·마트가 준법영업을 강력히 실천하려고 하는 이유다. 준법 담당자는 한마디로 치외법권 지역이다. 따라서 지점장을 비롯한 전 매니저들은 준법 담당자의 건의 사항에 대해서는 100% 수용해야 한다. 이것이 이·마트의 원칙이다.

특히 경쟁이 치열한 서울 및 수도권 점포에서는 점포의 로열티를 강화하기 위해서 외부 전문 모니터를 채용해서 식품위생, 각종 법규 준수 여부, 유통기한, 냉동·냉장별 상품 보관 방법 준수, 가격 태그 부착 여부 등의 이행여부를 철저히 점검하여 수준 미달 내용에 대해 피드백해 주기도 한다.

통상 협력회사에 발주한 상품은 납품 시 검품과 검수라는 과정을 통해서 입점이 되는데 사실 하루에 수억 원의 물량을 전부 검사하기에는 어려움이 많다. 그러다 보면 본의 아니게 일부 상품은 완벽하게 검품이 되지 않은 채 입점이 될 가능성이 높으며 바로 이런 제품이 항상 문제의 싹이 될 수 있는 것이다.

흔히들 원칙에 준거하여 일을 하면 융통성이 없는 사람으로 각인되곤 한다. 그러나 고객의 안전과 생명과 법 준수에 관한한 무원칙적 일처리는 최악의 경우는 기업의 존폐에 심대한 영향을 미친다.

따라서 이·마트에서는 만두사건을 계기로 철저하게 검증되지 않은 상품은 입점하지 않는다는 강력한 원칙을 재정립하였다. 기업의 부도덕한 행위로 고객의 건강을 위협하는 일련의 행위는 법으로 조치되기 이전에 기업의 가장 기본적인 양심을 배신한 것이나 다를 바 없다. 도덕, 윤리는 기업(인)이 갖추어야 할 가장 큰 덕목인 것이다. 오늘도 점포의 준법 담당자는 고객의 안전한 쇼핑을 지원하기 위해 하루에도 수십 번씩 매장 및 후방 곳곳을 찾아다니고 있다.

기본에 충실한 점포일수록 이익이 많다

√ '정도경영' 이것만이 고객의 신뢰를 구축할 수 있다.

√ 테크닉과 융통성보다는 '준법영업' 이 고객으로부터 사랑받을 수 있는 최선의 방법이다.

Operation guide

**경영환경이 어려울수록 테크닉보다는 기본에 충실해야 한다.
따라서 영업의 기본은 고객으로부터 시작된다.**

- √ 우리의 고객은 누구이며, 어디서 왔으며, 왜 오는지, 또 무엇을 사갔는 지를 명확히 파악해야 한다.
- √ 지피지기면 백전불퇴라 했다. 수시로 점포의 경쟁점이 어떻게 하고 있는지 실시간으로 파악하라.
- √ 모든 일을 시스템화, 표준화, 데이터화하여 저비용 고효율 구조로 만들어라.
- √ 점포의 책임자(지점장, 점주, 매니저)는 오케스트라의 지휘자처럼 만능 엔터테이너가 되어야 한다.
- √ 모든 문제와 답은 현장에 있다.
- √ 후방은 점포수익의 근원이다. 따라서 후방은 창고가 아닌 판매를 위한 대기 장소로서 항상 매장과 동일한 수준에서 관리되어야 한다.
- √ 고객은 쾌적하고 청결한 매장에서 쇼핑하길 원한다.
- √ 서비스는 행동이다. 따라서 점포 책임자는 끊임없이 실천적 서비스를 할 수 있는 동기부여와 우수사례를 발굴하여 직원들과 소통해야 한다.
- √ 유통업의 근간은 결국 사람이다. 따라서 사람력이 곧 그 점포의 경쟁력이다.
- √ 손익의 흐름을 명확히 하여 구조대상포인트를 찾아라.
- √ 정도 영업은 기업의 지속성장을 가능하게 한다.

Chapter

5

협력회사는
영원한 동반자

1. 매입한 상품은 끝까지 책임져라

유통업은 말 그대로 제조회사나 벤더로부터 상품을 매입하여 적정 마진을 붙여 판매하고, 적정 재고를 물류센터 및 창고에 보관하는 일련의 프로세스를 취하고 있다.

이때 제일 문제가 되는 것이 바로 재고다. 재고란 참 요상한 것이어서 많이 판매가 될 것 같아 매입을 많이 하면 안 팔리고, 혹 판매가 안 될 것 같아 적은 양만 매입하면 금세 품절 사태가 발생하여 종잡을 수 없을 때가 종종 있다. 이러다 보니 매입자 입장에선 여간 신경 쓰이는 업무가 아닐 수 없다.

또한 갑과 을의 관계에서 불공정한 거래가 형성되다 보면 서로 윈-윈 하는 상생과는 거리가 멀어 주주, 고객, 협력회사 모두가 만족할 수 없는 상황이 발생될 수 있다. 경우에 따라서는 협력회사 입장에선 좋은 상품을 신속히 매장에 입점하여 구매고객을 만족시키겠다는 생각보다는 협력관계가 아닌 단순한 납품관계로 이어져 진정한 의미의 상생형 고객만족경영을 기대할 수도 없는 것이다.

게다가 매입자 입장에선 적정마진이 확보가 안되어 최저가격 실현에 문제가 발생할 수 있기 때문에 이·마트에서는 납품시점에서 불량상품을 제외하고는 판매부진으로 매장에 남아 있는 직매입 재고는 반품하지 않는 제도를 도입, 운영하고 있다.

결과는 협력회사나 매입 담당자 모두가 대만족이다. 유통업에선 한번 매입한 상품을 끝까지 책임지고 판매하는 일 자체가 쉽지 않은 비즈니스이기 때문에 매입자 입장에선 적정마진 확보, 상품관리 및 발주에 좀 더 객관적이고 책임 있는 발주 프로세스가 이루어지게 되었고 협력회사 입장에서는 안정된 상품공급과 물류비의 절감으로 점포에 대한 충성도가 더욱 향상되어 경쟁사와는 차별화된 정책으로 인식하게 된 것이다.

특히 점포에서는 정기적으로 불량상품 컨벤션을 실시하여 문제의 근본적 발생 원인을 해당 팀장 및 담당과 현장 토론을 벌여 문제에 대한 답을 찾기도 한다. 이런 활동이 결국은 상품의 회전률을 높이게 하고 또 불량으로 인한 폐기 건수가 점차 감소됨으로써 점포 이익이 오히려 증가되는 결과를 낳게 된 것이다.

아무래도 협력회사 입장에선 결제 방법도 어음보다는 현금이 더 메리트가 있듯이 이·마트의 이러한 활동이 협력회사로 하여금 점포에 더 납품하고 싶은 생각이 들게 하는 것은 당연한 것인지도 모른다.

따라서 나보다는 타인을 배려하고 긍정적인 관계를 형성하게 하는 일련의 활동이 주변에 사람이 많이 모이게 하듯이 협력회사에게 득이 되는 이런 제도적 활동이 오늘날 이·마트를 지지하는 팬이 점점 더 늘어나는 원동력이 되고 있는 것이다. 결국 장사란 고객이 있어야 하는 것이다.

협력회사는 영원한 동반자

✓ 한 번 매입한 상품은 반품하지 말고 끝까지 책임지고 팔 수 있는 시스템을 구축하라.
✓ 안 팔리는 상품은 분명히 이유가 있다. 그 원인을 찾아라.

2. 정도영업이 경쟁력이다

유통업에서 근무하다 보면 다양한 유혹에 흔들릴 수 있다. 또 이런 유혹에 적정하게 타협하다 보면 본의 아니게 회사 생활을 더 이상 지속할 수 없는 경우도 종종 있곤 한다.

물론 이런 유혹이 어디 유통업에만 존재하고 있겠는가? 어쩌면 우리 사회 전반적인 부패의 연결고리라 해도 과언이 아니다. 특히 갑과 을의 거래관계에서 금품 및 향응을 주고받는 일체의 행위는 신세계의 윤리경영 차원에서 강력히 금기시 하고 있다.

즉 협력회사로부터의 금품 수수 및 향응 제공은 납품원가를 높여 가격을 상승시키는 등 소비자의 부담을 가중시켜 국민경제에 부정적인 결과를 초래하기 때문이다.

명절 때만 되면 각종 상품권 수수, 향응, 갈비 등 이러한 사례는 무수히 많다. 바로 이런 부패의 고리를 끊어야만이 진정으로 고객만족경영이 실현될 수 있다는 것이 신세계 윤리경영의 핵심이다.

오래전부터 신세계는 명절 때 또는 정기적으로 전 사원이 협력회사로부터 금품 수수 및 향응을 제공받지 않겠다는 각서에 사인하고 그 내용을 협력회사에 우편으로 또는 메일로 발송하고 개인 명함에까지 '신세계 페이'라는 제도를 인쇄하여 협력회사와의 상담 시 마신 커피 값도 직원이 내게 하는 등 전사적인 차원에서 협력회사에 협조를 당부하는 일련의 활동을 윤리실천 사무국 주도 하에 실시해 오고 있다. 또한 부득이 금품 및 향응을 제공받을 시에는 신고서를 작성하여 라인을 통해서 보고하게끔 되어 있다. 만약 이를 위반할 시에는 엄청난 결과를 초래한다. 처음엔 협력회사도 반신반의하였다. '하다가 중도에 포기하겠지'라고 생각했지만 이·마트의 강력한 의지와 실천이 서서히 협력회사에 의해서 확인되자 점차 협력회사도 믿기 시작했다.

신세계가 윤리경영을 도입하여 실시하던 초창기 시절, 백화점의 한 간부가 협력회사로부터 고급양주를 선물 받고 즉시 신고하였다. 회사에서는 그 간부에게 포상까지 하고 신문에 기사화된 적도 있었다.

오래전 이·마트에서 함께 근무한 사원으로부터 한 통의 전화가 왔다. '종전에 타점에서 함께 근무한 사원이 휴무를 이용하여 우리 점에 방문하였는데 그 사원이 매장 직원들에게 음료수 한 상자를 사주고 갔는데, 신고해야 되는지 말아야 되는지 고민스럽다'는 내용이었다.

결국 그 사원은 해당 부서에 절차를 밟아 신고서를 작성하여 제출하였다.

이게 이·마트 현장의 모습이다. 즉 협력회사나 내부고객으로부터 금품을 수수하거나 향응을 제공받을 확률이 거의 없을 정도로 습관화되었단 얘기다. 고객으로부터 사랑받고 고객의 단 돈 1원이라도 아끼는 마음이 없으면 이런 활동은 도저히 실행될 수 없다.

오래전 필자가 백화점 바이어 시절, 명절 때 그동안 도와줘 고맙다는 의미로 협력회사로부터 구두티켓을 받은 사실과 비교해 볼 때 격세지감을 느끼지 않을 수 없다.

지금 신세계의 윤리경영은 한마디로 투명하고 깨끗한 경영을 통하여 고객, 종업원, 주주, 협력회사의 만족을 극대화시켜, 21세기 초일류 기업으로서의 사회적 책임과 영속성을 추구하고자 하는 것이 핵심 요지이다.

따라서 윤리경영의 실천을 강화하기 위하여 국내 최초로 윤리경영 전담 부서인 기업윤리실천사무국을 설치 운영하고, 임직원들이 윤리적 판단에 의해 업무를 수행할 수 있도록 윤리규범을 제정, 실시해 왔다. 또한 매년 협력회사 만족도 조사를 실시하여 그 결과를 경영에 반영하는 등 윤리경영을 선언적 수준이 아닌 구체적이고 실질적으로 추진하기 위해 전사적으로 윤리경영 월별 테마 활동을 선정하여 추진하는 등 다양한 활동을 전개해 오고 있다.

연세대학교 기업윤리 연구센터에서는 최근 수년간의 연구를 통하여 윤리성이 높은 기업은 위기 상황에서도 생존력이 높으며 재무적 건실성도 뛰어나다는 연구결과를 지속적으로 발표하고 있다.

〈윤리헌장과 영업이익률〉

자료 : 한국 신용 평가원

구분	윤리헌장 제정기업	윤리헌장 미 제정기업
1997	9.45%	6.9%
1998	7.5%	5.83%
1999	6.55%	4.7%
2000	7.35%	4.72%
평균	7.71%	5.54%

또한 〈포춘〉지 조사에 따르면 미국시장에서 가장 존경받는 10대 기업의 투자 수익률이 일반기업의 평균 투자 수익률보다 2배를 초과하는 것으로 나타나 무한경쟁의 치열한 경쟁환경 속에서 기업이 생존하고 영속하기 위해 윤리경영이 필요하다는 것을 인식하고 관련제도를 도입하는 기업이 점차 증가하고 있는 추세이다.

이러다 보니 신세계 윤리경영이 많은 기업들로부터 벤치마킹의 대상이 되기도 한다. 지금까지의 패러다임은 돈을 가지고 있거나 주는 자가 마음대로 휘두르는 시대였다. 과거 '나 살고 너 죽기' 식이었다면 지금의 경영은 서로가 '윈-윈' 하는 상생 시스템이다. 협력회사가 만족해야 고객이 만족하는 것이다. 유통업체는 제조사가 아니다.

그러므로 납품업체가 진정한 의미의 협력회사가 되도록 하기 위해서는 양질의 상품을 합리적인 가격으로 납품하게 하여 고객의 시간과 비용을 절약해야 한다. 다시 말해 원가를 올리게 하는 일체의 부적절한 관계의 고리를 끊어 상생의 협력관계를 구축해 나가야 한다.

이것이 오늘날 이·마트가 고객으로부터 사랑받고 장사를 잘할 수밖에 없는 시스템의 원동력이 되고 있는 것이다. 양질의 상품을 적정가격으로 납품받아 최고의 수익을 창출하려면 깨끗하고 투명한 경영을 통해 원가상승의 장애물을 제거해 나가야 한다.

협력회사는 영원한 동반자

√ 윤리경영은 고통과 인내를 수반하지만 모두가 살 길이다.
√ 윤리경영을 잘하는 점포(기업)가 고객에게도 사랑받는다.

3. 협력회사를 왕으로 모셔라

거래를 하다 보면 항상 약자는 있게 마련이다. 가령 요즈음은 옛날보다는 돈이 시중에 넘쳐 은행이 세일즈 하는 시대로 바뀌어가고 있지만 아직도 은행 문턱은 담보 능력이 없는 사람에게 높은 것이 사실이다. 통상 비즈니스 세계에서는 거래 특성상 갑과 을의 관계가 형성되는데 아무래도 상품을 매입하는 갑의 입장이 유리한 것이 사실이다.

한때 유통업에서 뉴스거리가 되고 있었던 것이 모 식품 대기업이 외국계 할인점에 납품을 포기하였다는 얘기이다. 즉 협력회사 입장에서는 납품원가 인상이 불가피하여 가격인상을 요청하였지만 할인점 측에서 이를 무시하고 더 낮은 가격을 요구해 결국 입점을 포기하였던 것이다.

연간 200억 정도의 물량이라고 하니까 할인점 측에서는 단순하게 계산하면 200억 규모의 매출이 없어졌다고 할 수 있다. 결국 그 제품을 꾸

준하게 구매했던 고객만 피해를 보았거나 경우에 따라서는 구색관리가 안된 할인점도 매출감소는 불가피했을 것이다.

할인점의 매출이 2003년도에 백화점을 추월하면서 그 위상이 더욱 커져 유통업이 제조업을 리드해 나가는 현상이 이미 양 업계의 힘겨루기 싸움으로 심화되고 있다.

해당 외국계 할인점은 이미 오래전부터 다양한 부당거래로 인해 공정거래 위원회로부터 시정명령을 받은 바 있지만 협력관계의 회사를 강압적으로 떡 주무르듯 한다면 누가 좋아하겠는가? 좋은 상품이 제때에 납품될 리 없는 것이다. 어차피 일은 사람이 하는 것이다. 우호적인 관계가 조성되지 않거나 인격적으로 무시당하면 거래하고 싶은 마음이 없어지는 것은 당연한 일이다.

필자가 점포에서 이런 부분을 해결하고자 협력회사 입장에서 최대 접점이 어디인가 확인해 보니 바로 상품을 납품하는 상품관리 부서였다. 따라서 매장에서 우리 상품을 구입하는 사람만이 고객이 아니라 그 고객이 상품을 편리하게 구매하는데 결정적인 역할을 하는 사람이 바로 협력회사 직원이라는 것을 인식하고, 협력회사가 편안하고 신속하게 납품을 하는데 개선 포인트를 맞추어 실천해 나갔다.

첫째, 협력회사 검품 대기시간 축소.

둘째, 납품 담당에게 검품하기 전 검품 종료 후 반드시 인사하기.

(맞이인사, 배웅인사 실시)

셋째, 정성들여 준비한 커피 및 차 서비스 제공.

넷째, 협력회사 직원의 소리함 설치.

지점장의 핸드폰, 직통전화, 이메일 주소가 기록된 스티커 부착과 함께 거래 시 문제 및 건의 사항을 적극 수렴하여 협력회사 직원들의 거래 만족도를 높이는 활동이다.

다섯째, 협력회사 만족도 조사 실시.

매장에 출입하는 모든 협력회사 직원들 대상으로 점포 자체로 설문조사를 실시하여, 점포별 현안 문제점을 파악하고 항목별 개선 활동을 본부에 보고하여 추진하는 활동이다.

마지막으로 '협력회사 직원에 대한 정중한 호칭 사용하기' 등 이 6가지를 기본으로 실천하는 현장 테마로 설정하여 협력회사와 함께 성장하는 분위기를 만들어 협력회사 담당자들로부터 호평을 받은 적이 있었다.

협력회사는 갑이 함부로 다루는 하청업자가 아니다. 엄밀히 말해 함께 배를 탄 협력자이자 동반자인 것이다. 문제는 협력자나 동반자가 아닌 하인의 시각으로 보니 탈이 생기는 것이다. 갑이 득을 보면 을이 손해를 보거나 감수하는 시스템이 아닌, 갑이 득을 보면 을은 더 많은 이익을 보는 시스템으로 거래가 되어야 한다. 어느 협력회사든 수익이 발생하는데 사업 파트너가 되길 싫어하는 회사가 어디 있겠는가?

바로 국내 토종 할인점인 이·마트가 협력회사로부터 매입한 상품(직매입)에 대해 책임 판매하거나 협력회사를 상대로 정기적인 설문조사를 실시하여 협력회사의 만족도를 배가하려는 노력, 현장에서 협력회사 납품 프로세스를 개선하려는 활동은 곧 협력회사가 만족해야 상품의 질도 올라가고 고객도 만족할 수 있다는 기본적 논리에서 출발하는 것이다.

따라서 점포에서 영업을 활성화시키기 위해서는 한솥밥을 먹고 있는 최접점의 협력회사 직원들을 인격적으로 대우해 주고, 그네들의 고충을 경청하여 해결해 주는 일이 선행되어야 하는 것이다.

협력회사는 영원한 동반자

✓ 협력회사와 상생의 관계를 구축하라.
✓ 협력회사가 만족해야 고객이 만족한다.

Operation guide

협력회사는 단순한 하청업자나 납품업자가 아니다.
따라서 진정한 고객만족을 추구하기 위해서는 협력회사가 성장해야 점포가 발전할 수 있는 영원한 동반자적 협력관계를 구축해야 한다.

✓ 깨끗한 경영은 고통과 인내가 따르지만 진정한 고객만족경영의 근간이다.
✓ 협력회사가 이익이 나면 날수록 점포의 수익은 그만큼 증대된다.
✓ 협력회사를 최고의 고객으로 모셔라.
✓ 협력회사 의견을 적극 경청하라. 협력회사는 업자가 아니라 비지니스 파트너이다.

Chapter

6

직원이 행복하면
고객도 행복하다

1. 직원의 날을 기억하고 축하하라

현장에서 일하다 보면 정말로 내 일 챙기기도 바쁘게 하루가 돌아간다. 매장에서 하루 종일 고객접객, 진열, 후방정리, 협력회사 담당미팅, 석회모임, 리포트 작성, 판매, 청소 등 사원 입장에선 하루가 어떻게 지나갔는지도 모르게 일정이 타이트하다.

그러다 보면 자기 자신의 생일도 깜박 잊고 누군가가 축하해 줘야 비로소 "오늘이 내 생일이었나?" 라고 말하는 직원도 있다. 솔직히 필자 자신도 직원이 얘기해서야 '오늘이 내 생일이구나' 할 때도 있었다. 그때 그 기쁨은 경험해 본 사람이 아니고서야 이루 표현할 수 없다. 특히 객지 생활을 하거나 싱글일 경우에는 이 한마디에 피로가 일시에 풀리기도 한다.

보통 '직원의 날' 하면 제일 먼저 생일이 떠오른다. 본인이 태어난

날보다 더 중요한 날이 어디 있겠는가? 그 다음은 아마도 대부분이 입사기념일, 결혼기념일일 것이다.

필자는 직원의 특별한 날을 기억함으로써 조직의 활력과 일할 맛 나는 직장 분위기를 만들기 위하여 몇 가지 제도를 점포 내에서 활용하였다.

좋은 일일수록 남에게 많이 알려야 한다는 취지 아래 매월 직원의 특별한 날을 전 직원이 이동하는 직원동선 안내판에 게시하였다. 직원들은 게시판을 통해서 동료의 특별한 날을 알게 되어 그 즉시 축하하거나 아니면 게시판에 그 친구의 날을 축하하는 정성어린 메시지를 보내어 조직 전체를 친근감과 활력 있는 분위기로 바뀌게 하는 것이었다.

이때는 반드시 아르바이트를 포함한 매상에 근무하고 있는 전 직원을 대상으로 해야지 직영사원만 챙기다간 큰일 나고 만다. 사람의 기분이란 참 묘한 것이다. 왠지 모르게 누군가로부터 소외되었다고 느꼈을 때 일할 맛이 안 나는 것은 당연한 일일지 모른다.

다음으로 직원을 공개적으로 축하하는 자리를 정례화하였다. 보통한 점포에서 30~40명 안팎이 이 행사 참여 대상이니 지점장으로서는 매우 중요한 일이 아닐 수 없다.

역으로 얘기하면 이 행사가 해당 직원들에게는 잠시 휴식을 취할 수 있는 시간을 제공할 뿐만 아니라 지점장 입장에서는 편안한 분위기 속에서 직원의 소리를 적극 경청하고 조치 방향을 얘기할 수 있는 절호의 찬스가 되기 때문에 점포의 최고 책임자인 지점장과 직원들에게는 이 행사가 매우 유익한 시간이 아닐 수 없다.

결국 일은 사람이 한다. 따라서 점포를 운영하는 점주나 매니저는 직원들의 특별한 날을 기억하고 이벤트화하여 점포가 지향하는 방향으로 조직을 끌고 나가기 위해서는 직원의 감성을 자극하는 사소한 부분까지 관리하는 것을 게을리해서는 안된다.

직원이 감동해야 고객도 감동하고, 결국 고객확대가 영업성과로 표출되는 것이다.

직원이 행복하면 고객도 행복하다

√ 직원의 특별한 날을 반드시 기억하고 축하하라.
√ 직원은 상사의 작은 배려에 감동한다.

2. 스타직원을
만들어 칭찬하라

오래전《칭찬은 고래도 춤추게 한다》라는 책을 읽은 적이 있다. 칭찬하면 모든 사람이 좋아하고 긍정적인 효과가 있다는 사실을 모르는 사람은 없는데 왜 그 책을 읽으면서 감탄과 탄식을 하는 것일까? 한마디로 몰랐다기보다는 실천하지 못한 것에 대한 자기반성 때문이라고 생각한다. 칭찬은 보약이고 질책은 사약이라고 하지 않는가?

필자도 한때 이 말의 사실 여부를 검증하기 위해서 지속적으로 칭찬받은 직원과 그렇지 못한 직원 간의 업무 성과를 분석해 본 적이 있었는데 놀랍게도 직원 1인당 생산성의 차이가 분명하게 있었음을 확인할 수 있었다.

직원이 일을 잘 못하면 혼내고, 다그치고, 화내고 하는 등 일련의 과정은 업무를 하다 보면 흔히 일어난다. 관리자 입장에서도 이러면 안되는데 하면서도 잘 실천이 안되는 어려운 대목이다. 하지만 돈 들이지 않고 장사를 잘하려면 역시 사람 관리 잘하는 것만큼 좋은 방법이 없다. 왜냐하면 일은 사람이 하기 때문이다. 아직까지 우리나라에 로봇이 일한다는 얘기는 뉴스거리에 불과하다. 싫으나 좋으나 내가 관리하고 있는 인력으로 최대의 효율을 창출해야 한다.

특히 장사를 잘하는 조직과 지점을 보면 역시 지점장의 사람관리력이 매우 우수함을 알 수가 있다. 역시 성과의 핵심인자는 직원과의 끊임없는 소통이다. 잘 들어주고 잘한 일에 칭찬하는 소소한 일들을 매우 생활화하고 있다는 사실이다.

직원들의 동기부여 방법은 전문가들에 의해서 다양하게 제시되고 있기 때문에 전문가적인 조언은 생략하기로 한다. 점포 현장에서는 주로 스타직원 만들기에 초점을 맞추고 있다. 즉 업무 수행력이 제3자로부터 탁월성이 인정될 경우 공개적으로 칭찬하는 것을 제도화하고 있다. 포상을 하는 것도 부족해 모든 직원이 볼 수 있도록 직원 동선의 게시판에 사진까지 걸어 둔다.

물론 선발 과정은 철저한 객관성과 투명성에 바탕을 두고 있는 것은 당연하다. 최근에는 친절사원에 대해서 추천의 글과 함께 홈페이지에 게시하여 적극적이고 공개적으로 칭찬을 아끼지 않고 있다.

특히 할인점에서는 캐셔들의 역할이 매우 중요하여 고객접점에 있는 캐셔들도 접객능력 및 업무수행력을 평가해 우수캐셔는 금배지와 상품권, 우수사원들에게는 부상과 게시판에 사진까지 걸어 두어 공개적으로 칭찬함을 아끼지 않았다.

큰돈 들이지 않고 직원들의 자긍심을 세워 주어 조직 전체를 생산적 분위기로 전환하는 아이디어는 얼마든지 있다. 직원은 사기를 먹어야 신바람 나게 일을 할 수가 있다. 아니, 생각지 못한 작은 배려의 마음에서 직원들은 감동받는다. 객관성과 투명성을 바탕으로 하는 스타직원 만들기는 현장 리더의 작은 실천이다.

직원이 신이 나야 고객도 신이 나고 신이 난 매장은 항상 활기와 쇼핑고객으로 넘쳐흐른다. 따라서 점포의 수익을 올리려면 직원의 동기부여를 끊임없이 자극하고 성과가 우수한 직원들로 하여금 도전적이고 열정적으로 일하는 조직문화를 만드는데 선도적인 역할을 하게 하라.

직원이 행복하면 고객도 행복하다

√ 상사는 직원들을 부지런히 칭찬하고 격려하라.
√ 스타직원을 모델로 하여 제2, 3의 스타직원을 계속 만들어라.

3. 직원과의 신뢰를 쌓아라

우리 사회는 언제부터인가 서로가 서로를 못 믿는 세상이 되어가고 있다. 검찰에 불려가는 정치인의 상당수가 절대 그런 일이 없다고 해놓고 그 다음날 뉴스에 보면 국민 여러분께 죄송하다는 말 한마디를 뒤로한 채 검은색 승용차로 어디론가 사라지는 그런 장면을 많이 보아왔다.

오래전 들은 우스갯소리가 있다. 한 아이가 아빠와 목욕탕에 갔다. 먼저 아빠가 탕 속에 들어가 "아이고 시원해~" 하면서 아들보고 들어오라고 했다. 그러자 아들이 뜨겁다고 안 들어가자 재차 아빠가 재촉하여 마지못해 탕 속에 들어갔다. 그런데 아들이 탕 속에 들어가자마자 놀라 다시 탕 밖으로 나오면서 하는 말.

"세상에 믿을 놈 하나도 없어."

그냥 웃고 넘어가기에는 시사하는 바가 매우 크다. 점포를 경영하거나 조직을 운영하다 보면 상하 간의 신뢰형성 부족으로 조직을 이탈하거나 떠나는 사람을 종종 본다.

상하 간의 신뢰를 형성하기 위해 리더는

첫째, 언행이 항상 일치해야 한다.

둘째, 진솔해야 한다.

셋째, 어느 정도 예측 가능한 행동을 해야 한다.

넷째, 질책보다는 부지런히 칭찬과 격려를 해주어야 한다.

다섯째, 일의 방향을 제시할 줄 알아야 한다.

마지막으로 직원의 말을 적극적으로 경청하고 대안을 제시할 줄 알아야 한다고 생각한다. 신뢰는 형성하기 어렵지만 무너지는 것은 순식간이다.

인간은 빵으로만 살 수 없다. 이성적 판단을 하는 사회적 동물이기 이전에 감정의 동물이다. 말 한마디에 눈물 흘리고 말 한마디에 감동받는 그런 존재인 것이다. 따라서 점포 책임자는 늘 바람직한 팀워크 형성을 게을리해서는 안된다. 지금 인력시장은 공급이 넘쳐흐르고 자기에 맞는 일을 못 찾아 혈안이 되어 있다. 그러나 정작 곳곳에 쓰기 적합한 사람은 그리 흔하지 않은 듯하다.

상품과 서비스를 제공하는 일은 내부고객인 직원이 한다. 이들이 결정적인 순간에 제 기능을 발휘하게끔 관리하는 핵심요체가 바로 평상시 상하 간의 신뢰구축에 달려 있는 것이다.

지금도 많은 중소기업이나 영세 점포에서는 경영주의 불신으로 인해 그 조직을 떠나는 사례가 부지기수이다.

이로 인해 조직이 와해되거나 제 기능을 발휘하지 못하는 유명무실한 기업이나 조직을 주변에서도 흔히 볼 수 있다. 그때 가서 후회한들 무슨 의미가 있겠는가?

결국 최상의 점포를 만들어 최상의 서비스를 창출하기 위해서는 직원들로 하여금 마음에서 우러나와 행동하게끔, 경영주의 신뢰 철학이 필요한 것이다. 사장님! 직원과의 신뢰는 잘 구축되어 있나요?

직원이 행복하면 고객도 행복하다

✓ 직원들이 자발적으로 따르도록 끊임없이 소통하라.
✓ 신뢰는 구축하긴 힘들어도 상실은 한 순간이다.

4. 직원을 행복하게 하라 (ES=CS=MS)

어느 조직이나 공동의 목표를 공유하여 최상의 성과를 실현하고자 하는 것은 조직의 리더나 최고경영자가 몹시 바라는 바다. 물론 회사마다 나름대로 좋은 프로그램을 가지고 Good Company를 지향하는 회사도 많겠지만 현실적으로 그렇지 못한 회사가 많은 것이 태반이다.

직원 동기부여 프로그램을 전사적 차원에서 실천하고 있는 회사도 있겠고, 감성적 측면이나 리더십에 의해서 조직을 펄떡이는 생선과 같이 생동감 있게 끌고 가는 조직이나 리더가 있을 수 있겠다.

특히 유통업과 같이 하나의 목표를 실현하기 위해 서로 다른 환경에 처해 있는 직원들과 한 배를 탄다는 것은 생각보다 쉽지는 않다.

직영사원, 용역사원, 판촉사원, 아르바이트, 남녀노소 등 서로 소속은 틀리지만 목표는 동일하다. 즉 고객 만족을 통해 수익을 창출하는 것이다.

그런데 문제는 이들이 가지고 있는 생각이나 문제가 고차원적이라 기보다는 가장 기본적 욕구에 밑바탕을 두고 있다는 사실이다. 하루 종일 서서 고객과 실랑이를 하다 보면 몸이 천근만근이라 쉬는 시간의 대부분을 잠자는 것에 투자하거나 흡연하는 것으로 스트레스를 푸는 비생산적인 휴식을 취하고 있다.

이들은 가장 기본적 욕구인 모든 것을 함께하는 것, 즉 기쁨과 슬픔에 대해서 소외되지 않기를 몹시 희망한다.

필자는 이런 점에 착안하여 식사의 질을 개선하기 위한 프로그램, 여성 흡연실 제공, 팀장급 이상 간부사원 식사 배식, 사원의 소리함 설치 및 조치, 옥상 명랑운동회, 지점장배 볼링대회 및 당구대회 등을 개최하여 계층별 전 직원이 함께하면서 최소의 비용으로 진행할 수 있는 다양한 프로그램을 만들어 조직을 열정과 파이팅 할 수 있는 분위기로 만들어 나갔다.

전 사적으로 실시하는 사기 증진(복지) 프로그램은 대부분 직영사원 중심으로 이루어지고 있기 때문에 점포 자체 프로그램 개발 및 실행이 다양한 계층의 욕구를 충족시켜 공동의 목표를 달성하는 데에 핵심적인 역할을 하는 것이다.

조직을 효율적으로 끌고 가기 위해서는 술 한 잔으로 직원들의 순간적인 기분을 달랠 수 있겠지만 진정으로 함께 탄 배의 공동체 의식을 갖게끔 하는 것은 평상시 직원들의 역량을 인정해 주고 그녀들의 고통과 문제를 해결해 주려고 하는 노력과 의지가 무엇보다 중요하다.

의외로 직원들은 금전적 혜택보다도 오히려 비금전적 혜택에 더 큰 만족감을 느낀다고 한다. 최근 이·마트에서는 최고 경영자의 직원에 대한 지속적인 관심의 결과로 이·마트 본사식당을 60여 가지의 메뉴를 맛볼 수 있는 뷔페식으로 바꾸거나 300평 규모의 직원용 피트니스 센터, 도서관, 수면실, 마사지실도 신설하여 직원의 만족도를 높이기 위한 다양한 프로그램을 만들어가고 있다.

여러분과 함께 일하고 있는 직원들은 행복한가요?

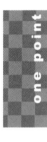

직원이 행복하면 고객도 행복하다

√ 직원의 기쁨과 슬픔을 함께 나누어라.
√ 직원의 성과를 인정해 주고, 신바람 나게 일할 수 있도록 끊임없이 자극하라.

5. 직원에게 열심히 일할 명분을 줘라

사람이 일을 하면서 반드시 월급을 많이 받아야 행복하게 사는 것은 아니지만 어느 정도의 금전적 혜택과 비금전적 혜택이 적절한 조화가 이루어져야만이 직원들이 더 열정적으로 일을 하는 것은 틀림없다.

얼마 전 신문지 상에 상장기업의 등기임원에 대한 연봉의 TOP 10에 신세계가 등재되어 보도되었다. 신세계보다 쟁쟁한 기업이 많겠지만 소매업이 IT업에 비해 부가가치가 적은 것에 비하면 매우 높은 수치가 아닐 수 없다. 이것은 임원뿐만 아니라 전 직원이 업계 최고의 연봉을 받는다 해도 과언이 아니다.

또한 신세계 그룹 내에서도 이·마트 부문이 백화점 부분보다 좀 더 많은 연봉을 받고 있다. 즉 이익이 난 만큼 성과급을 상, 하반기에 나누어 지급하고 있기 때문이다. 과거에 이익이 많고 적음에 관계없이 동일한 연봉을 받는 시대와는 사뭇 거리가 멀다.

이·마트 직원들은 일에 대한 열정과 집중도가 매우 뛰어나며 자부심 또한 대단하다. 이는 대한민국 1등 할인점이라는 프라이드와 최고의 연봉이 또 다른 성과를 이루어내게끔 강력한 역할을 하고 있기 때문이다.

적어도 신세계 임직원만큼은 이익이 나는 한 사원들에게 일정량의 성과를 돌려주어야 한다는 경영진의 말을 절대 신뢰하고 그에 상응하여 업무에 충실하고 있는 것이다.

일전에 필자가 종종 이용하는 식당에 다소 낯선 아주머니가 서빙을 하기에 주인에게 물었다. 먼저 있던 아주머니가 인근의 식당에서 돈을 더 준다고 해서 더 올려줄 여력은 없고 하여 새 직원을 채용했노라고…….

물론 최고의 연봉을 준다고 해서 모두 일을 잘하는 것은 아니겠지만 결과 여부를 떠나서 열정적으로 일하게 하는 원동력인 것만큼은 분명하다.

그만큼 IMF 이후 노동시장의 유연성이 한곳에서 오래 근무하는 개념에서 개인의 능력을 인정만 해준다면 언제든지 새 곳에서 둥지를 내릴 수 있는 개념으로 전환되었다.

요즈음은 헤드헌터조차 신세계 직원의 높은 연봉 때문에 의뢰인의 요구에 부응하는 인력을 스카우트 하기에 다소 버겁다는 얘기를 할 정도이다.

적어도 이·마트 지점장의 대우는 웬만한 회사의 임원급에 준하는 처우를 받고 있다 해도 과언이 아니다. 바로 이런 처우가 이·마트 직원으로 하여금 최상의 수익을 창출하는데 혼신의 노력을 기울이게 하고 있고 직원들로 하여금 열심히 일할 명분을 주고 있다고 생각한다.

또한 최근에는 능력은 있지만 후배들을 위해서 회사를 떠날 수밖에 없는 일부 지점장들에게는 지점장 시절 터득한 운영 노하우를 살릴 수 있도록 이·마트 SSM형 점포를 맡겨 접목하게 함으로써 퇴직함에도 불구하고 회사에 더욱 충성하게끔 하고 있다. 일부 대기업에서 임원급에게 자회사에서 좀 더 일하게 자리를 마련해 주는 사례가 있지만 부장급 지점장에게 회사를 떠난 후 자리를 마련해 주는 회사가 있던가?

임금은 한 회사의 지불능력과 연계되어 있어 회사의 재무구조를 고려치 않고 무조건 많이 줄 수 없다. 그러기에 제일 먼저 고려해야 할 사항은 최고경영자의 비전제시와 공유가 임직원들과 얼마나 함께하고 있는지가 중요하다. 바로 이것이 최고 연봉 이전에 임직원들로 하여금 좀 더 창의적이고 열정적인 자세로 일에 몰두하게 하는 원천인 것이다.

직원이 행복하면 고객도 행복하다

√ 최고연봉은 직원을 열정적으로 움직이게 하는 기본요소이다.
√ 최고연봉과 더불어 비전공유는 모두가 함께 성장할 핵심가치이다.

6. 직원의 소리를 적극 경청하라

직장생활을 하다 보면 커뮤니케이션이라는 말을 참 많이 사용한다. 상호 간, 부서 간, 동료 간의 커뮤니케이션이 잘 안되서 일을 못하겠다는 등 대화나 커뮤니케이션 스킬 부족으로 일을 그르치는 경우가 흔치 않다.

오래전 교육평가원에서 3,172명의 초, 중, 고등학생을 대상으로 조사해 발표한 자료에 의하면 부모와 거의 매일 대화를 나누는 학생이 학업 성취도가 학년이나 과목에 상관없이 그렇지 않은 학생에 비해서 높다고 발표하였다.

즉, 대화를 많이 하면 학업성적이 올라간다는 얘기인데 이것은 직장이나 점포 영업에서도 여실히 나타난다. 상하상호 간의 대화가 원만하게 이루어지고 있는 조직일수록 업무성과가 향상된다는 것은 여러 실험 데이터에서도 확인할 수 있는 것이다.

　혼히 육체적 노동이 심하다고 할 수 있는 매장근무 판매직원은 고객과의 끊임없는 관계형성 속에 나날을 보내고 있어 끊임없이 스트레스를 받고 있다고 해도 과언이 아니다. 따라서 직원들이 가지고 있는 고통과 문제를 자연스럽게 파악하고 조치를 해줌으로써 항상 즐거운 마음으로 일할 수 있도록 점포의 책임자는 늘 분위기를 조성해야 한다.

　혼히들 고객만족은 강조하면서도 직원만족은 나 몰라라 하는 리더가 있다. '말 한마디에 천 냥 빚을 갚는다' 라는 말이 있듯이 점포의 책임자는 항상 칭찬과 격려를 아끼지 말아야 하며 늘 편안한 마음속에서 자신의 얘기를 할 수 있도록 제도적 장치를 마련해야 한다. 이는 고객에게 직접 서비스를 제공하는 직원들이 만족하지 않으면 고객에게 양질의 서비스를 제공할 수 없기 때문이다.

　할인점은 근무교대가 타이트하다. 따라서 전 직원이 특정 시간대에 전부 모이기도 힘들기 때문에 전 멤버가 정보를 공유하거나 전 사적 지침이 일사분란하게 전파가 되도록 관리하는 것이 매우 중요하다. 또한 점포의 책임자는 바로 이럴 때를 대비하여 평상시에 신뢰를 바탕으로 상하 간의 대화 채널이 늘 열려 있는지에 관심을 가져야 한다.

　필자가 영업현장에서 일할 때 제일 고민했던 사항이 어떻게 하면 직원들의 생각을 자연스럽게 끄집어낼 수 있을 것인가 하는 것이었다. 그래서 생각해낸 아이디어가 스트레스도 풀고 재미도 함께 느낄 수 있도록 직원 동선에 대형 낙서판을 만들어 준 것이다. 그야말로 열린 마음으로 직원의 소리를 경청했다. 인기 짱이었다. 일단 아이디어가 신선해 직원들의 반응이 좋았다. 주기적으로 직원의 소리를 정리하여 요구사항에 대한 조치 방향도 게시하였다. 처음에는 당초의 우려대로 직원들의 낙서가 불만투성이로 시작하여 솔직히 굉장히 부담스러웠다. 괜한 짓을 한 것은 아닐까 걱정도 했다. 하지만 시간이 지날수록 직원끼리 서로를 격려하는 분위기로 낙서 내용이 바뀌어가고 있음을 알고 직원 내면의 생각을 적극적으로 경청하려는 나의 생각이 적중했음을 알고 회심의 미소를 짓기도 했다.

또한 사원들이 자주 이용하는 주요 접점에 직원의 소리함을 설치하여 직원들의 생각을 수시로 파악하기도 하였다. 이런 일련의 점포 활동들이 직원들에게 전달되면서 점포의 목표를 달성하기 위한 다양한 활동과 의견이 수렴되는 계기가 되었고 아울러 업무의 효율성과 상호 간의 신뢰가 자연스럽게 형성되어 갔다.

미국 어느 기업에서는 근무 중에 잡담시간을 운영하였더니 직원들의 불만이 해소되고 사기가 높아졌다는 조사보고서가 있다. 즉 평소에는 아무래도 업무와 관련된 내용 중심으로 윗사람과 눈치 보면서 대화를 하다 보니 보이지 않는 벽이 있었으나 잡담시간을 통하여 상하 간의 격의없는 대화로 편안한 분위기가 조성되고 사고의 유연성과 생산성이 향상되는 등 조직 전체가 활력을 얻게 되었다는 것이다.

직원만족이 곧 고객만족! 항상 열린 마음으로 직원의 얘기를 경청하고 개선하라.

직원이 행복하면 고객도 행복하다

√ 직원만족이 곧 고객만족이다.(ES=CS=MS)
√ 직원의 얘기를 다각도로 경청하고 조치하라.

Operation guide

고객만족경영은 직원만족과 행복에 비례한다. 또한 직원의 사기는 점포의 활력이자, 서비스의 으뜸이다.
따라서 창의적이고 자발적인 고객만족경영 활동을 착근하기 위해서는 직원을 먼저 감동시켜라.

√ 진정한 고객만족은 내부고객의 불만족과 애로 해결이 선행될 때 가능하다.
√ 직원은 물질적 혜택 이전에 비금전적인 혜택을 더 갈구한다.
√ 점포의 힘은 상하 간 신뢰와 견고한 팀워크에서 창출된다.
√ 점포의 책임자는 직원 위에 군림하기보다는 직원들과 함께하며, 동료로 대하고, 늘 칭찬하고 격려를 아끼지 마라.
√ 칭찬은 보약이고, 질책은 사약이다.

Chapter

7

I · S · P
(In—Store—Promotion)

1. 고객의 입장에서 진열하라

할인점을 이용하다 보면 매장의 진열이 백화점처럼 감성지향적인 진열보다는 진열대에 원칙 없이 상품을 되는대로 적재한 것처럼 보이지만 그 내면은 엄청난 철학과 원칙이 내재되어 있다. 또한 진열 방법이나 위치에 따라 껌이 한 통만 팔릴 수도 있고 하루에 수십 통이 팔릴 수 있는 것이 할인점식 진열이다.

다시 말해 영업이 잘되고 있는 점포와 그렇지 못한 점포의 진열을 보면 어느 정도 검증이 가능하다. 이 · 마트에서는 바로 이런 진열을 비롯하여 지점장이 가지고 있는 인적, 물적 자원을 총 동원하여 매장의 수익을 극대화하기 위한 고객만족지향의 총체적인 활동을 매장 오퍼레이션이라고 한다.

점포별로 리뉴얼 작업을 할 때만 보더라도 협력회사 담당자도 진열의 달인이 될 정도로 전문가가 되어 있다. 따라서 종전에는 점포 하나 오픈하기 위해 진열이 며칠씩 소요되었다면 지금은 하루, 이틀이면 모든 일이 마무리될 정도로 진열과정이 표준화되어 있다.

그러므로 한번 고정된 진열은 아무리 점포의 책임자인 지점장이라 할지라도 본부의 승인 없이는 함부로 진열위치를 변경할 수가 없을 정도이다.

보통 백화점에서는 영업이 잘 안될 때 대규모 전단과 DM을 무기로 상품과 이벤트를 병행하여 고객을 공략하는 것이 기본 포맷으로 되어 있지만 할인점의 영업정책은 다소 차이가 있다. 물론 요즈음은 이·마트의 광고매체 전략이 전단 중심에서 신문광고 양 전면 포맷으로 바뀌었다. 종전에는 월 2~3회 정도 행사 시작 전 대규모 전단을 점포별로 뿌렸다. 이 전단을 보고 상품을 구매하러 오는 고객은 카테고리마다 다소 차이가 있지만 대략 17~24% 내외이다.

실제 구매행태는 매장에 와서 쇼핑을 하다가 생각지도 않은 충동형 구매가 76~83%라는 것이다. 따라서 할인점에선 바로 판매시점 상품진열이 매출을 올리는 데 매우 중요한 수단으로 인식하여 이를 전략화하고 있는 것이다.

이·마트에서는 점포 영업활성화를 위한 일련의 매장 내 효율극대화 활동을 ISP(In-Store-Promotion)이라고 칭한다. 상황에 따라 적용방법에 약간의 차이가 있지만 대체로 이 범주 내에서 영업 활성화를 위한 솔루션을 찾고 있다.

할인점에서의 진열이란 매장 내에서 상품판매를 촉진하기 위한 계획과 관리기법 중 특히 매장의 자원을 효율적으로 운영하여 내점고객을 대상으로 구매단가를 높이기 위해 전개하는 상품관리 활동으로써 궁극적으로는 매출확대, 이익 극대화에 기여하는 행위라 할 수 있다. 또한 이러한 활동이 고객만족도 향상에 기여함으로써 궁극적으로는 매장 내 효율증대를 가능하게 한다.

진열은 특별한 코스트의 증가 없이 평당 매출액, 즉 매장 생산성을 높일 수 있는 것이기 때문에 그 중요성이 날로 높아지고 있다. 고객이 한정된 매장 공간과 쇼핑 가능 시간 내에서 될 수 있는 한 많은 상품을 보고 구매하게끔 하려면, 진열기술은 더욱 강조될 수밖에 없다. 또한 POS 시스템으로 고객의 점 내 구매 활동을 상세하게 파악할 수 있어 이 데이터를 기반으로 해서 진열기술을 위한 전략적인 전개가 가능해졌다.

매장 내 한정된 진열 공간에 어떤 방법으로 상품을 진열하면 구매 욕구를 자극하여 최대 효율을 창출할 수 있을까 하는 것이 목적이다. 따라서 대체로 고객은 구매 시 주의-흥미-연상-비교-확신-결정이라는 과정을 거쳐 쇼핑하므로 이것을 유도하는 힘을 가진 상품진열을 효율성 있게 구성하는 것이 절대적으로 필요하다. 여기서는 점포에서 활용되고 있는 전통적인 영업활성화 원칙(ISP)을 간단히 소개하고자 한다.

〈 고객 중심의 잘 팔리는 매장 만들기 〉

In−Store−Promotion

왜 ISP가 중요한가	ISP의 핵심 테마	ISP의 출발점
• 상품은 말을 하지 못한다. • 고객의 눈에 띄지 않는 상품은 팔리지 않는다. • 업의 특성상 셀프판매 방식이다.	• 진열 • 상품설명 • 선도관리 • SPACE MANAGEMENT • EVENT	• 고객의 입장에서 실시한다. • 상품별 분명한 목적이 있어야 한다. (매출, 이익, PB) • ISP의 주체는 상품이다.

매장의 모습

• ISP활동이 기본이 되어 상품 하나하나(단품)가 잘 팔려나갈 수 있도록 매장이 연출되고 고객이 원하는 상품이, 원하는 때에 준비된 매장을 만들어
매장 전체가 재미있고, 생동감이 넘쳐 판매효율이 극대화되도록 한다.
(구매단가 UP, 판매기회LOSS 최소화)

ISP의 목표

√ 사기 쉽고, 고르기 쉽고, 재미있게 진열되어야 한다.

√ 고객이 궁금해서 물어보는 내용이 없어야 한다.

√ 상품 하나하나가 제 역할을 다해야 한다.

√ 고객이 원하는 상품이 원하는 때에 준비되어 있어야 한다.

√ 테마가 있고, 변화가 있는 매장으로 운영되어야 한다.

진 열

사기 쉽고, 고르기 쉽고, 재미있게 진열되어야 한다

√ 팔고 싶은 상품 집중 전개 : 볼륨감 / 노출 면적 확대

√ 상품 특성별 변화있는 진열기법 활용

√ 카테고리별 명확한 상품 전개 및 연출

상품 설명

고객이 궁금해서 물어 보는 내용이 없어야 한다

√ 상품 특성과 가치를 PR할 수 있는 상품 설명서(단순 가격고지 지양)
  : 상품의 우수성 어필
√ 업의 특성상 Self-Sales ⇒ 잘 쓴 POP가 판매사원 역할
√ 새로운 상품설명 매체 개발 (모니터, 카세트, 우드락, 청음기 활용)
√ 쇼카드, 와블러, POP, 카테고리 사이판, 방송멘트 활용

선도 관리

상품 하나하나가 제 역할을 해야 한다

√ 잘 팔리는 상품의 품절 및 결품관리
√ 안 팔리는 상품의 찾아내기, 처분(무판매)
√ 단품별 재고 일수(회전율) 관리
√ DEPT(부문)별 적정재고 목표관리
√ 당일 입점, 당일 100% 판매 오퍼레이션 강력 추진

SPACE MGT

고객이 원하는 상품이 원하는 때에 준비되어 있어야 한다

√ 점포, 상품 특성에 맞는 상품 구색 보강
√ 신상품 도입 및 부진상품 OUT
√ 판매량에 맞는 진열
√ 고객, 상품 정보의 FEED-BACK(영업 지원정보 활용, 고객의 소리 청취)

EVENT

테마가 있고, 항상 변화가 있는 매장으로 운영되어야 한다

√ 52주 상품 기획을 기본으로 한 변화있는 매장 전개
√ SEASON, 상품 특성에 맞는 EVENT 연출
√ 상품별 도입, 철수 싸이클의 체계적 운영
√ EVERY DAY EVENT 개발(즐거움과 재미가 넘치는 매장을 통해 반복 구매 유도)
√ 10大 대형 행사의 성공적 운영
√ 추석, 설날, 어린이날, X-MAS 등

〈 고객의 입장에서 본 ISP 결과 〉

구분	ISP가 잘 되어 있는 점포	ISP가 잘 안되어 있는 점포
상품 운영	가치추구	가격추구
	매장 분위기가 밝다	매장 분위기가 어둡다
	상품이 눈에 띈다	집기가 눈에 띈다
	상품이 제자리에 놓여 있다	가출한 상품이 많다
	상품이 잘 정돈되어 있다	상품이 그냥 놓여 있다
점포 운영	이익이 난다	적자가 난다
	장사꾼 기질	사업가 기질
	정성이 느껴진다	겉치레가 많다

진열기술의 6대 원칙

√ 안전하다(안전성).

√ 사기 쉽고 고르기 쉽다.

√ 꺼내기 쉽고 원위치 하기 쉽다.

√ 느낌이 좋다.

√ 메시지, 의사 표시, 정보, 설득력이 있다.

√ COST(비용)를 생각하고 있다.

In-Store-Promotion

√ 상품운영을 전제로 한 점포 영업활성화의 핵심은 진열, POP, 선도관리, 스페이스 관리, 그리고 이벤트를 무기로 한 차별적 운영전략이다

2. 광고한 상품은 꼭 진열하라

'○주년 오픈 기념행사' '고객사은 선물 대잔치' 등 백화점이든 할인점이든 신문 삽지를 통해 배달되는 전단을 가끔 볼 것이다. 그러나 이 행사를 실시하는 날 매장에서 어김없이 벌어지고 있는 일이 종종 있다.

"매장 책임자 어디 있냐?"

바로 광고 상품이 미 진열되어 있거나, 품절, 광고 내용과 다름으로 인해 매장에서 벌어지는 고객과의 실랑이다.

고객 입장에서는 참 짜증나는 내용이다. 상품이 없으면 광고를 내지 말든가, 없으면 언제 들어온다고 고지를 하든가, 물어보면 언제 들어오는지 알려 주든가 하라는 등 고객의 불만을 얘기한다. 점포 입장에선 협력회사와의 거래관계상 어쩔 수 없는 상황도 분명히 있다.

이런 일이 발생할 때 현장에서 어떻게 대처하는지가 고객의 불만족을 최소화할 수 있는 것이다.

이런 측면에서 이·마트의 매장 오퍼레이션은 매우 디테일하다. 매장에 흔히들 준법영업과 관련한 직원들에 의해서 개점 전 광고 상품에 대해서 입점 여부 및 진열 상품과의 일치 여부를 낱낱이 점검하여 현장에 피드백 한다. 또한 점포의 책임자인 지점장은 전단지를 들고 광고 상품의 진열 및 미 입점 상품의 조치 여부를 점검할 정도로 현장 중심의 영업에 철두철미하다. 흔히 지점장이라고 하면 뒷짐 지고 매장을 순회하는 사람으로 인식할 수도 있지만 이·마트는 전혀 다른 개념으로 접근하고 있다.

즉, 고객만족경영을 적극 실천하여 내점객이 확대될 수만 있다면 지점장을 비롯한 전 직원이 놀라울 정도로 업무집중도가 뛰어나다. 따라서 해당 팀장뿐만 아니라 실무 책임자는 현장에서 고객의 불편함을 최소화하기 위하여 동원 가능한 모든 표지물을 이용해 안내한다. 또한 직원들에게는 광고 상품에 대한 공감 미팅을 아침마다 일일이 실시하며 고객 예상질문을 만들어 성실하게 안내함으로써 고객의 불편함을 최소화하고 있다.

'고객만족경영' 이라는 것은 고차원적인 철학적 용어가 아니다. 한마디로 고객의 불편함과 문제를 내부적인 인적, 물적 시스템을 동원하여 혁신하는 것이다.

따라서 점포 책임자는 현장에서 예측 가능한 고객의 불편함을 사전에 파악하고 조치하여 고객의 반복적인 내점을 창출하며 수익을 극대화하는 현장 중심의 비즈니스 리더십 체제를 구축해야 한다.

고객에게 한번 무너진 신뢰! 회복하기에는 엄청난 시간적, 경제적 비용이 소요된다.

따라서 고객과의 약속은 반드시 지켜야 한다.

In-Store-Promotion

√ 광고상품 물량은 충분히 갖추어라.
√ 품절과 결품은 현장에서 결코 가까이 해서는 안된다.

3. 선도관리가
장사의 핵심이다

우리는 종종 '참신하다, 신선하다, 쿨하다, 샤프하다, 짱이다' 등 그 사물이나 인물에 대한 나름대로의 이미지나 느낌을 표현한다. 왠지 남들이 느끼지 못하는 부분에 대한 차별적 표현이기도 하다.

우리가 매장으로 고객을 내점하게 하는 요소는 여러 가지가 있지만 가장 중요한 것은 고객이 구입하고자 하는 판매상품이 얼마나 선도관리가 잘되고 있는지의 여부이다. 이를 이·마트에서는 다양한 방법으로 관리하고 있는데 특히 공산품 운영 시 제일 중요하게 관리되고 있는 부문이 안 팔리는 상품, 즉 무판매 상품관리이다. 매주 월요일 4주 이상 무판매 상품(바코드 스캐닝 기준) 재고 리스트를 인출하여 부문별 관리자의 현장 확인과정을 거쳐 그 원인을 규명하고 조치하는 일련의 내용이 상품의 선도를 높이는 핵심적 관리 포인트다.

대체로 안 팔리는 상품은 확인해 보면 분명 이유가 있다. 진열이 안되어 있거나, 진열은 되어 있는데 고객의 시야로부터 가려져 있거나, 또는 분실되었거나, 진열은 제대로 되어 있는데 여러 이유(가격, 브랜드, 트렌드, 가치)로 판매가 안되는 등 다양한 이유가 존재한다.

바로 이런 상품의 선도를 높이는 활동 즉 가격인하 판매, 즉시 진열, 노출도 조정, 연관진열, POP 적극 고지, 특설매장 구성 등 다양한 방법을 강구해 선도를 높이는 작업을 게을리해서는 안된다. 상품의 선도가 떨어지면 판매가 부진하고 판매가 부진하면 가격인하 및 할인 판매가 필연적이고 이는 수익 저하의 원인이 된다. 또한 선도가 떨어지는 매장은 신상품이 그만큼 부족하기 때문에 고객의 관심으로부터 멀어져 매장에 고객보다 직원만 가득한 썰렁한 매장이 되는 것이다. 바로 이것이 매장을 선도가 높은 상품으로 가득 채워야 하는 주된 이유다.

직장 내에서도 선도가 떨어져 보이는 사람은 아무래도 상사나 동료, 후배로부터 사랑받기가 애초부터 어려운 것이다. 요즘같이 치열한 무한경쟁 시기에 스스로 업무상 선도가 떨어진 부분은 없는지 면밀히 검토하여 직장 내에서의 경쟁력 유지를 통해 구조조정 대상이 안되게 하는 것도 선도관리의 한 방법이라 할 수 있다.

매장이 활기로 넘치면 상품도 덩달아 춤을 추기 때문에 상품뿐만 아니라 근무직원도 신선미가 넘쳐흐른다. 할인점 매장을 늦은 저녁시간에 이용하다 보면 식품매장의 한 코너에서 줄을 서서 기다리는 고객의 모습을 보게 된다. 지금은 대부분의 할인점이 이 원칙을 사용하고 있지만 이·마트 신선매장의 선도관리 개념은 '당일 입점 상품을 당일에 모두 판매한다'는 원칙에 의거하고 있기에 고객이 저렴하게 상품을 구매하기 위해 기다리는 것이다. 그래서 이 시간에만 상품을 구매하는 알뜰 쇼핑객이 있을 정도이다. 이것이 이·마트 신선매장에 고객이 집객하는 이유이다. 즉, 매장에 고객을 많이 오게 하려면 매장마다 각각의 선도관리가 실시간으로 선행되어야 한다. 이·마트의 경쟁력의 원천이 바로 여기서 나오는 것이다.

In-Store-Promotion

√ 안 팔리는 상품을 찾아내어, 즉시 신상품이나 인기상품으로 교체하라.
√ 선도관리는 상품만이 아니라 사람에게도 적용된다.

4. 당일 입점 상품 당일 100% 판매하라

일반적으로 점포영업에 있어서 특히 할인점같이 1차상권 중심으로 영업하고 있는 곳은 도보상권 고객 내점율이 사업성패의 근간이라고 할 수 있다. 따라서 집객상품이라 할 수 있는 신선부문은 점포영업에 있어서 핵심적 역할을 하고 있다 해도 과언이 아니다.

필자가 가끔씩 음식점에서 식사할 때 의구심을 갖는 부분은 먹다 남은 많은 반찬들을 버릴까, 아니면 다시 꺼내올까 하는 부분이다. 물론 최근에는 많은 음식점에서 과거와는 달리 위생적으로 관리하고 있지만 찝찝한 마음을 금할 수 없는 게 사실이다.

그러다 보니 신선부문 상품관리에서 가장 중요하게 생각하고 있는 항목이 바로 선도관리이다. 즉, 얼마나 야채와 생선이 싱싱한가 하는 부분이 고객의 최대 관심사이기 때문에 이·마트에서는 당일 입점한 상품은 반드시 당일 모두 판매하여 익일 영업 시에는 새로 입점한 싱싱한 새 상품을 진열하도록 관리하고 있는 것이다. 그러나 지점장 입장에서는 점포의 영업환경이 상이하기 때문에 판매력이 약한 점포는 가격인하 또는 폐기를 해야 하고 그만큼 이익관리에 애로가 많을 수 있다.

결국 고객만족경영을 적극 실천하여 궁극적으로 수익을 창출하기 위해서는 당일 완전판매 전략은 필수라는 논리에 공감하고 현장에서는 이를 위한 세부 시행계획을 만들어 운영하고 있다.

먼저 지금까지의 주기별 시계열 데이터를 재정비하여 가장 이상적인(과다 및 과소 발주 최소화) 발주가 되는 방안을 만들어 나갔다.

결국 '당일 입점 상품 당일 완전판매 전략'은 적정발주, 주별 판매 데이터 분석, 판매기법 연구, 진열방법 개선, 각종 상품설명서를 비롯한 POP 연출물 재점검, 본사 슈퍼바이저의 현장 업무지도, 판매사원 접객 서비스 지도, 상품 입점 시 품질검사 강화(상품의 선도가 떨어질 시 미입점) 등의 활동을 통하여 고객 입장에서는 가장 신선한 상품을 구입하고 판매자 입장에서는 관리기법을 개선하여 판매효율 극대화 및 수익이 증가되는 현상을 가져왔다.

이것이 오늘날 이·마트가 신선부문이 가장 경쟁력을 유지하는 원동력이 되었으며 매장이 항상 북적거리는 이유가 바로 여기에 있는 것이다. 항상 신선하고, 항상 변화하려는 노력! 이것이 남들보다 앞서 경쟁력을 확보하는 최선의 방법이다.

In-Store-Promotion

√ 신선식품의 선도가 높으면 높을수록 매장에는 로열티 고객
도 많다.

√ 고객을 매일 집객하는 원가우위, 차별화된 핵심 상품을 지
속적으로 개발하라.

5. 매출은 진열방법에 따라 차이난다

진열이 잘된 상품과 그렇지 못한 상품의 매출 상관관계는 뚜렷이 차이가 난다. 흔히들 '진열' 하면 고품격의 백화점식 감성지향의 진열만을 생각하기 일쑤다. 그러나 할인점에서는 감성지향형 진열이 아니라 고객이 사기 쉽고, 고르기 쉬운, 쇼핑에 실질적으로 도움이 되는 실용진열을 추구하고 있다.

보통 할인점에는 10만 개 이상의 상품구색을 관리하고 있으며 시간이 갈수록 고객의 요구에 부응하는 상품을 갖추기 위하여 상품기획 담당바이어는 24시간을 쪼개어 사용해도 부족할 지경이다.

일반적으로 할인점의 진열은 크게 몇 가지 특성이 있다.

첫째, 카테고리별 진열이다. 이는 모든 점포에서 적용되고 있는 기준이다.

한마디로 처음 매장을 이용하는 고객이 필요로 하는 상품을 찾을 시 진열원칙을 준수하고 있는 매장은 그만큼 고객의 구매시간이 단축된다. 할인점의 진열대를 보면 진열대의 상품 표지판이 걸려 있는데 이것을 할인점에서는 '카테고리 사인판'이라고 부른다. 한마디로 유사한 상품군끼리 조닝(ZONING)을 하여 진열하고 있다고 보면 된다.

둘째, 노출도를 높이는 진열이다.

즉, 상품의 노출도가 곧 매출에 비례한다는 것이다. 이는 점포를 오픈한 사업자가 자기네 상호간판이 지나가는 고객에게 잘 보이게 하려는 심리와 동일한 것이다. 상품도 마찬가지다. 보통 진열대 앞에 돌출되어 있는 진열대를 '엔켑(End-Cap) 매대'라고 한다. 할인점에서 가장 매출이 많은 자리이고 그만큼 효율도 높은 자리이다. 그러다 보니 협력회사별로 그 자리에 진열을 해보려고 다양한 방법을 동원하지만 그리 쉬운 작업이 아니다.

이 노출도를 높이기 위한 방법으로 상품의 면적이 큰 부분을 매대 정면으로 진열한다든가 또는 브랜드나 상품명을 정면으로 위치하게 하고 특정상품을 다량으로 진열하여 볼륨감을 주는 등 다양한 방법으로 노출도를 높이기 위한 활동을 하고 있다.

셋째, 연계진열이다.

한마디로 관련 상품이 동시에 구매가 이루어지게 하는 고도의 계산된 구매단가 향상 진열기법이다. 즉, 매출이라고 하는 것은 구매단가와 구매객 수의 상호작용에 의해서 이루어지기 때문에 연계진열에 의해서 자연스럽게 동시구매가 이루어지는 것이다. 즉, 예를 들어 선풍기는 가전제품 카테고리로 분류한다. 그러나 선풍기망은 생활용품 카테고리이다. 다시 말해 진열 위치가 분명히 다르다. 그럼에도 불구하고 진열 위치가 다르면서도 본래의 카테고리 외에 선풍기와 선풍기망을 연계 진열함으로써 동시구매 가능성을 높게 하는 것이다.

비슷한 예로 난로 옆에 가습기를 진열한다든가 회 코너 진열대에 주류진열, 냉동 돈가스 진열대에 소스 진열, 대형 유리병과 과일주 진열, 디지털 카메라 옆에 메모리카드 진열, 랜턴 옆에 건전지 진열, 위스키와 토닉워터 진열 등 무수히 많은 상품들이 상호 연관성을 가지고 진열되어 있다. 이런 모든 진열방법이 매장 내 효율을 극대화하기 위한, 즉 구매단가를 높이기 위한 고도의 계산된 진열방법인 것이다.

넷째, 볼륨진열이다.

이왕이면 다홍치마라는 말도 있듯이 보기 좋아 나쁠 것은 하나도 없다. 고객 입장에서는 진열대에 몇 개 없는 상품에서 선택하는 것과 무수히 많은 상품 중에서 고르는 것과는 쇼핑의 맛이 달라진다. 할인점에서 제일 많이 강조하는 말이 상품진열의 볼륨감을 높이라는 지침이다.

이는 볼륨감 있는 상품의 진열이 고객에게 호감을 주는 최대 무기이기 때문이다. 사람도 마른 것보다 몸짱 몸매가 인기가 있듯이 상품도 마찬가지다.

충분한 재고가 없는 상태에서 볼륨감 있는 진열을 유지하기 위해서는 전진진열이라는 기법을 사용하기도 한다. 즉, 진열대 안쪽에 진열되어 있는 상품을 앞으로 나오게 진열함으로써 마치 많은 상품이 있는 듯 진열하는 기법이다.

다섯째, 상품특성에 맞는 진열이다.

무수히 많은 각양각색의 상품을 고객의 눈에 띄게 하기 위해서는 획일적인 진열방법이나 집기를 사용해서는 소기의 목적을 달성할 수 없다. 그 상품의 특성을 감안한 집기가 적절하게 사용되어야만이 판매 성공률이 그만큼 높은 것이다.

문구류나 건전지를 훅에 진열하는 방법, 의류를 행거에 진열하는 것, 술이나 쌀과 같이 다량의 판매가 이루어지는 상품을 팔레트에 진열하는 방식이라든가 다량판매를 목적으로 특정 상품을 행사평대에 볼륨감 있게 진열하는 방식이 판매촉진을 위한 상품 특성별 진열기법인 것이다. 이것이 고객에게 어필하는 대표적인 할인점식 진열방법이다.

결국 고객 입장에서 진열이 잘되어 있는 매장일수록 점포의 효율이 극대화되는 것은 두말할 나위가 없는 것이다.

마지막으로 용적률에 의한 진열이다.

할인점에서 가장 강조되고 있는 진열기법 중의 하나이다. 한마디로 제한된 공간에 진열 원칙을 준수하며, 가장 많은 양의 상품을 가장 효율적으로 진열하는 방법이라 할 수 있다. 주로 가공식품과 생활용품 등 공산품 카테고리에서 많이 활용되며 용적률이 높으면 높을수록 고객은 그만큼 상품구매에 상당한 매력을 느낌과 동시에 매장의 효율도 향상된다.

이 외에 변화진열, 벌크진열, 전진진열 등 상황과 목적에 맞는 진열 기법을 활용하여 판매효율을 향상시키기도 한다.

In-Store-Promotion
√ 무엇을 팔기 이전에 어떻게 진열할 것인가를 함께 고민하라.
√ 잘된 진열은 점포수익의 근간이다.

6. 고객의 눈에 잘 띄게 하라

할인점 영업은 백화점의 대면판매와는 달리 특정 상품을 제외하고는 셀프 서비스 판매, 즉 고객이 상품을 선택하여 계산대에서 일괄 계산하는 형태의 영업을 하고 있다.

그러다 보니 백화점에 비해서 진열이나 눈에 띄는 POP, 상품설명서, TV 모니터를 활용한 판매기법을 매우 중요하게 여기고 있다. 즉, 매장에 내점한 고객의 구매율을 높이기 위한 활동을 다각도로 펼치고 있는데, 특히 상품진열의 기능을 도와주고 구매율을 높이는 역할을 주도적으로 하고 있는 것이 바로 POP 연출물이다.

실제로 현장에서 근무하다 보면 POP 연출물이 있을 때와 없을 때의 판매성공율이 매우 달라진다는 것이 입증되고 있으며, 고객에게 매장에서 일어나고 있는 다양한 정보를 제공하기 위해서 눈에 잘 띄는 컬러나 대형 배너, 현수막, 와이드 컬러같은 광고 연출물이 전략적으로 사용되곤 한다.

특히 할인점처럼 판매사원의 수가 최소로 운영되고 있는 상황에서는 잘 연출된 POP가 웬만한 판매사원 못지않은 역할을 할 때가 종종 있다.

따라서 POP는 고객이 상품을 구매하는 시점에서, 고객에게 다양한 정보를 알려 주어 상품 구매를 도와주는 광고연출물이라 할 수 있다.

그러기 위해서 POP 광고는 정보제공과 매장연출 기능이 동시에 필요한데, 이는 단지 POP물이 고객에게 상품정보를 제공하는 것뿐만 아니라 고객이 상품을 구매하도록 매장의 분위기를 향상시키는 효과도 동시에 요구되어진다고 할 수 있다.

이·마트에서는 POP물의 중요도를 일찍 간파하여 업무의 효율성, 전 사적 아이덴티티를 고려하여 전 점이 동일한 포맷으로 운영됨과 동시에 누구든 내용만 입력하면 자동적으로 인출하게끔 시스템화 하고 있다.

POP 광고

고객 입장에서 본 POP 광고물 이점
1. 신상품의 입점 정보를 알 수 있다.
2. 상품특성이나 사용방법을 인지할 수 있다.
3. 점포에서 어느 상품에 힘을 쏟고 있는지 한눈에 알아 상품선택이 용이하다.
4. 판매사원을 신경 쓰지 않고 자유로이 상품선택이 가능하다.

5. 구매시간이 단축된다.

6. 쇼핑의 즐거움이 증가한다.

7. 광고상품의 내용이나 특성을 구매시점에서 재확인할 수 있어 구매가 용이하다.

점포 입장에서 본 POP광고의 이점

1. 판매를 촉진시킨다.

2. 판매사원의 역할을 하기 때문에 판매효율이 증가된다.

3. 팔고 싶은 상품에 고객의 주목을 집중시킬 수 있다.

4. 점포의 연출 효과를 높여 편안하게 장사하는 분위기를 만들 수 있다.

5. 시즌에 맞는 다양한 고객집객 캠페인을 전개할 수 있다.

좋은 POP 광고의 조건

1. 상품이나 캠페인의 내용을 적절하게 담고 있는가?

2. 고객에게 구매욕구를 일으키고 있는가?

3. 시각적 소구력은 있는가?

4. 상품의 세일즈 포인트가 적절한가?

5. 상품과 점포이미지에 어울리는가?

6. 경쟁점의 POP와 차별화가 되는가?

7. 이동과 설치가 편리한가?

8. 매장을 밝게 하고 점포의 미관에 공헌하는가?

9. 진열공간을 너무 차지하고 있지 않은가?

10. 상품의 신뢰성을 높여 주는가?

11. 상품의 흥미를 일으킬 수 있는가?

12. 제작비용은 적절한가?

13. 디자인이 참신한가?

14. 소구점이 명확한가?

오래전 철가방 마케팅으로 유명한 스타들이 있었다.

하나는 고대 앞에서 자장면집 설상번개 반점을 경영하다가 일약 스타덤에 올랐던 조태훈 사장이 특이한 복장과 서비스로 고객을 공략한 얘기이고, 다른 하나는 자동차 세일즈맨으로 양복차림에 중국집 자장면 철가방을 들고 고객을 찾아다녀 한 달에 4~5대씩의 자동차를 팔았다는 전설적인 이야기이다.

이들의 특징은 남들과 차별화를 하려면 고객감동 서비스 이전에 남들이 하지 않은 눈에 잘 띄는 차별화된 비주얼 마케팅(Visual Marketing을 했다는 것이고, 이런 활동이 고객으로 하여금 엄청난 관심과 매출에 기여했다는 것은 매우 의미 있는 일이 아닐 수 없다.

따라서 매장에서 판매효율을 극대화하기 위해서는 진열과 동시에 다양하고 절제된 표현기법으로 고객의 관심을 집중시키는 POP의 전략적 운영이 무엇보다 중요하다.

In-Store-Promotion

✓ 잘 연출된 POP가 몇 사람의 판매사원 역할을 한다.
✓ POP는 접점에서 고객의 흥미를 자극하는 고객커뮤니케이션 수단의 원천이다.

7. 덤으로 줄수록 잘 팔린다

음식점을 이용하다 보면 동일한 지역 내에서도 항상 붐비는 식당이 있고 그렇지 않은 식당을 종종 발견한다. 영업이 잘되고 안되는 데는 여러 가지 이유가 있다.

입지, 메뉴, 청결도, 가격, 분위기, 음식 맛, 종업원 친절도, 점주의 경영마인드 등 다양한 이유가 있으나 장사가 잘되는 식당의 공통된 특성은 고객이 음식을 추가 주문할 때, "네, 알겠습니다" 하고 기분 좋은 목소리와 밝은 표정으로 바로 응답할 정도로 직원교육이 잘되어 있다는 것이다.

그러나 서비스가 안 좋은 식당 종업원의 반응은 사뭇 다르다. 오히려 부탁한 사람이 미안할 정도니 장사가 잘될 리가 만무하다.

요즈음 항공사 승무원의 접객 서비스 수준도 '서비스 요구 후 서비스'에서 승객이 뭘 원하는지를 미리 감지하는 '서비스 요구 전 서비스'로 시행되고 있을 정도로 빠르게 변화고 있다.

최근 할인점에서 많이 사용하고 있는 판촉수단 중의 하나가 상품에 증정품을 붙여 판매하는 것이다. 다시 말해 증정품을 주는 만큼 할인이 되고 있는 셈이다.

이런 행사를 할 때마다 적게는 20%에서 많게는 100% 이상의 높은 판매 신장률을 보인다. 최근에는 할인점 간 경쟁이 치열하다 보니 1+1 개념을 도입하여 행사 일정기간 50%의 할인 효과를 나타내는 메리트 있는 가격으로 소구하고 있어 고객은 잘만 고르면 갯벌 속에서 진주를 캘수 있는 행운의 쇼핑을 할 수도 있는 것이다.

공짜의 위력은 언제든지 고객을 점포로 재차 방문하게 하는 원천이 되고 있다. 인간관계에 있어서도 이 원리는 동일하게 적용된다. 우리 주변에 보면 늘 계산적인 사람이 있다. 즉, '내가 한번 사면 너도 한번 사라' 하는 사람은 절대 손해 보지 않는다. 그러나 절대 이익을 보지도 않는다. 그저 보통 수준인 것이다.

반면 늘 퍼주기를 좋아하는 사람이 있다. 그런데 본인은 당장 금전적 손실이 있는 것처럼 보일지언정 이상하게도 그런 사람 주변에는 많은 사람들이 북적거린다.

장사의 원리도 이런 원칙이 정확히 적용되고 있다. 최근 사무실 인근에 유명 브랜드의 대형 커피전문점이 오픈했다. 그런데 내방객의 차이는 엄청나다. 그래서 난 일부러 고객 방문객이 별로 없는 곳으로 직원들과 식사 후 차를 마시러 간다. 몇 차례 방문하다 보니 그 커피전문점이 장사가 안되는 이유를 발견했다. 한마디로 덤으로 주는 것에 인색하다는 것이다. 최근 4일간 직원들과 카페라테를 20잔 이상이나 마셨음에도 불구하고 서비스로 커피 한 잔도 제공받지 못했다. 그리고 점주의 표정관리도 장사하는 사람의 모습과는 다소 거리가 먼 새침떼기같은 이미지였다. 요즈음은 동네 판매점에서도 10개 구매하면 하나 덤으로 주는 서비스는 차별화가 아닌 일반화된 마케팅 수단이 되어버렸을 정도이다.

장사를 잘하려면 고객이 요구하기 전에 공짜로 주는 것에 인색하지 마라. 기분 좋게 퍼 주어라. 공짜 싫어하는 고객은 아무도 없다.

In-Store-Promotion

✓ 덤(공짜)은 고객집객의 주요 수단이지만,
✓ 무차별적 운영은 이익감소를 수반하므로 상품 간 MIX 전략이 필요하다.

8. 이익이 없는 상품일수록 잘 팔린다

점포영업에서 가장 힘들게 하는 부분은 이익이 많은 상품일수록 고객이 없고 이익이 박한 상품일수록 고객이 북적거린다는 것이다. 점포를 운영하는 책임자 입장에선 참 난감한 일이 아닐 수 없다. 심지어는 팔면 팔수록 적자가 나는 역마진 상품도 경쟁상황이 치열하다 보면 종종 발생하곤 한다.

안 팔 수도 없고, 어쨌든 장사는 이익을 남기기 위해서 하는 것이지 손해를 보기 위해서 하는 것이 아니다.

할인점에선 판매도 잘되고 또한 상품의 질도 우수한 제품을 각 카테고리별로 엄선하여 할인점 전용상품인 PL상품(자사에서 기획 생산하여 자사 매장에서만 파는 상품)으로 개발하고 판매하여 이 난제를 슬기롭게 해결해 나가고 있다.

백화점에선 오래전부터 의류 중심으로 시행해 오고 있었지만 할인점 간 가격경쟁이 심화됨에 따라 이·마트에선 E-PLUS, 이베이직, 자연주의를 PL브랜드로 기획, 생산판매하고 있으며 공산품, 의류, 잡화, 가전, 식품 할 것 없이 전 부문에 걸쳐 운영하고 있다. 물론 전적으로 재고부담은 이·마트에서 책임지고 있지만 할인점 내의 판매구성비와 절대 매출액도 엄청난 신장세를 보이고 있으며 유통업체의 구매교섭력을 점차 확대해 나가고 있다.

보통 할인점의 PL상품은 동급의 다른 제품에 비해서 가격은 매우 저렴하며 품질은 완벽하게 보증되는 상품으로 할인점의 가장 좋은 상품을 가장 저렴하게 파는 전략에 부합되는 것이다. 또한 경쟁사 대비 고수익 원가우위 마진확보와 차별화 전략을 집중하여 경쟁력을 확보하기 위해서라도 PL상품개발은 필연적이다.

게다가 PL상품은 NB상품보다 가격은 저렴하지만 마진은 상대적으로 높다. 다시 말해 많이 팔면 팔수록 점포 이익은 늘어난다. 이는 점포별로 매출액은 동일하지만 매출액 대비 전용상품인 PL상품의 구성비가 어떠냐에 따라 점포의 이익은 달라질 수도 있다는 것이다.

따라서 점포에서 많은 이익을 창출하기 위해서는 PL 또는 고마진 전용상품의 진열확대를 통해 노출도를 향상시키는 것은 당연하다. 또한 슈퍼를 운영하더라도 자체 상품이 없을 시에는 고마진과 저마진 상품의 MIX 전략을 통해 손익관리를 하는 것이 매우 중요하다. 그러므로 점포에서도 아무런 개념 없이 상품을 진열하는 것이 아니라 각 상품별 마진과 재고량을 시스템적으로 분석해서 진열을 하고 있는 것이다.

가장 보편적인 방법으로 고마진 상품의 페이싱(Facing)을 확대하거나, POP나 와블러 등의 연출물을 활용하여 고객의 시선을 유도하는 방법과 저마진 상품의 진열을 최소화하여 노출도를 제한하는 활동이다.

아무리 마진이 없다 하더라도 구색이 없으면 고객은 다시 방문하기가 쉽지 않다. 따라서 상품의 희귀성과 전용상품의 적절한 MIX를 통하여 마진확보와 고객을 재차 내점하게 하는 전략을 융통성 있게 구사해야 한다.

In-Store-Promotion
√ 고마진 상품의 노출도를 최대한 높여라.
√ 고마진과 저마진 상품군을 적절하게 믹스(Mix)해 진열하라.

9. MD밸런스를
적절히 활용하라

이·마트는 2010년 8월 현재 전국에 128개의 점포가 영업을 하고 있다. 조만간 할인점 사상 처음으로 130호를 돌파할 것으로 예상된다. 점포출점 기본개념이 대표적인 다점포 체제이니 실보다는 득이 많다. 특히 지점장 입장에선 타 점포의 오퍼레이션 방법이나 우수사례에 대해서 벤치마킹을 할 수 있는 기회가 많이 제공됨으로써 상호 경쟁력을 높일 수 있는 장점이 있다.

보통 한 달에 한번 있는 지점장 회의에선 탁월한 운영능력으로 개선효과가 큰 ISP 활동에 대해서 경영진과 본사 스텝에게 우수사례 발표를 하곤 한다. 어떤 사례는 정말로 탁월할 정도의 개선효과를 보인 혁신적 내용이 발표되기도 한다. 또 다른 발표는 지점장의 부진사례발표이다. 부진의 원인과 향후 개선대책은 무엇인지에 대해서 상세하게 보고한다.

우수사례든 부진사례든 이러한 발표가 지점장으로서는 현장에서 영업활성화를 위해 다양한 마케팅 활동사례를 어떻게 활용해야 될지에 대한 아이디어를 제공해 주는 계기가 되어 매우 유익한 시간이 아닐 수 없다. 그야말로 모든 문제의 답을 현장에서 찾는 살아있는 실용교육인 셈이다.

특히 이 사례발표가 중요한 것은 전국의 점포가 거의 동일한 방법에 의해 영업을 하고 있지만 영업의 성과는 천차만별이다. 왜냐하면 먼저 상권이 상이하다. 상권이 다른 것은 고객이 다르다는 얘기이고, 고객이 다르다는 것은 결국 상품도 달라져야 한다는 얘기로 귀착될 수 있다. 바로 여기에 착안하여 점포 특성에 맞는 다양한 판매기법이 도출될 수 있는 것이다.

이·마트만의 'MD밸런스' 란 이름으로 새로운 현장 판매기법이 개발되었다.

가령 이·마트 은평점이 전 점에서 매출 1위를 달리고 있다고 가정하자. 하지만 문제는 전 장르가 매출 1위를 하고 있는 것은 아니라는 것이다. 물론 많은 MD가 탁월한 성과를 보이고 있겠지만 일부 MD는 매출 1위와는 관계없는 성과를 보이기도 한다.

반대로 어떤 점포는 점포의 매출 순위는 30위권인데 어느 MD는 10위권의 매출을 나타내기도 한다. 이 MD는 점포 입장에서는 경쟁우위 MD로 볼 수 있기 때문에 오히려 더욱 강화하여 더 많은 효율을 창출하기 위한 전략으로 삼기도 한다. 따라서 점포 나름대로 부진한 여러 MD 중 각 장르별로 핵심적으로 개선해야 할 MD를 선정하여 원인을 분석하고 주차별로 개선 활동을 하는 것이 MD밸런스 활동의 핵심이다.

상당히 객관적이고 합리적인 분석기법이라 할 수 있다. 물론 타점과 비교할 수 없는 단일 점포일 경우에는 ABC 분석 기법을 활용할 수 있을 것이다.

어쨌든 이런 활동을 하다 보면 우리 점포의 MD가 타점 대비 약할 수밖에 없는 이유, 강할 수밖에 없는 이유가 심도 있게 분석되어 강, 약점을 보완하기 위한 다양한 판매기법들이 도출될 수 있다.

즉 영업을 주중과 주말로 세분화해서 고객을 공략한다든가, 판매 부진 MD를 스크랩하고 강세 MD의 노출도를 더 높인다든가, 진열기법 개선, 이벤트 강화, 타임 서비스, 가격인하 판매, 증정품 판매, 시식판매 강화, 접객 서비스 향상, 품절 및 결품 최소화, 미 진열 상품체크, 작업 방법 개선, 인기상품 확보, 페이싱 재조정, 시즌대품 ISP 강화, 엔캡상품 볼륨감, 상품설명서 강화, 시장조사 활동, POP 연출물 보강, 전단상품 물량확보 및 노출도 강화, 신선식품 선도 유지, 안내방송 적극 고지, 체험학습, 각종 품평회 등등 무수히 많은 점 내 ISP 활동을 다각도로 점포 상황에 맞게 접목할 수 있는 것이다.

따라서 MD밸런스는 점포 규모에 맞게 MD의 효율을 극대화하여 최상의 매출을 창출하기 위한 종합 분석 도구로써 이·마트만이 가지고 있는 독창적이고도 차별화된 ISP 활동으로 자리 잡아가고 있다.

In-Store-Promotion

√ 카테고리별 Best, Worst MD에 대한 미세분석으로 강, 약
   점을 지속 보완하라.
√ 점 특성에 맞는 상품운영의 균형관리가 효율영업의 시작이다.

10. 영업시간을 전략적으로 활용하라

할인점은 통상 아침 10시에 오픈하여 저녁 10시에 폐점한다. 물론 대형 행사 때나 여름철 특수, 24시간 영업 점포를 제외하고는 대부분 이시간에 준하여 영업을 한다.

백화점의 10시 30분 오픈, 8시 폐점시간보다는 다소 길어 할인점이 일반 고객들에게는 더 친근감 있게 이용되는 쇼핑장소이기도 하다.

할인점의 시간대별 내점객 수를 분석하여 보면 점포, 일기, 행사, 경쟁점, 요일 상황에 따라 다소 상이하지만 평균적으로 6시 이후의 구매객 수, 즉 하루 12시간 영업 중 4시간의 매출이 전체 매출의 40~50%를 차지할 정도로 그 비중이 매우 크다.

또한 하절기에는 쇼핑과 더위를 동시에 해결할 만한 장소로써 할인점 만한 곳이 없기 때문에, 오후 늦은 시간 이후 내점객이 급증한다. 이는 고객이 없는 한산한 시간대의 매장 오퍼레이션보다도 내점객이 급증하는 오후 시간대의 매장운영이 매출 증대에 엄청난 결과를 가져올 수 있다는 말로 정리할 수 있다.

따라서 점포는 모든 핵심역량을 내점객 수를 고려하여 6시 이후에 집중해야 한다. 이때 제일 먼저 고려해야 할 사항은 내점객과 비례한 인력의 재배치이다.

첫째, 시간대별 내점객 수를 명확히 분석하여 이에 상응한 근무 편성표(작업할당표)를 작성하여 실행하는 것이다. 다시 말해 내점객이 한산한 오전 시간대에 직원을 집중 배치하여 저녁에 근무교대가 이루어지면 고객은 불편할 수밖에 없는 것이다.

둘째, 오후영업의 피크타임인 6시 전, 오픈과 동일한 개념의 제2의 오픈 준비를 통해 진열의 불륨감 유지와 상품별 품절이 없는 매장을 준비하도록 오후조 근무직원의 공감대 형성이 절대적으로 필요하다.

셋째, 시간이 가면 갈수록 매대 진열상품의 품절이 발생하기 때문에 신속한 보충 진열을 병행함과 동시에 더미와 소도구를 활용한 볼륨진열과 압축진열로 진열의 효율을 높여 고객의 구매 욕구를 자극해야 한다.

넷째, 신선식품의 경우에는 당일 잔여 상품의 판매방법이다.

이때 제일 중요한 것은 "당일 입점 상품, 당일 100% 완판"의 선도관리 원칙을 철저히 준수하면서 미처 판매하지 못한 잔여상품에 대해서는 방송 및 현장 육성 멘트를 통해 시간대별 타임서비스, 가격인하 한정판매, 폐기처분을 단계적으로 활용하여 재고를 완전 소진해야 한다.

따라서 점포영업을 잘하기 위해서는 일단 내점한 고객이 빈손으로 돌아가는 일이 없도록 해야 한다. 특히 점포별로 영업 환경이 상이하기 때문에 시간대별 내점객 수와 강세 상품에 대한 철저한 시계열 분석을 통해, 적정재고 확보와 진열, 접객 서비스 등 효율적인 점포 오퍼레이션을 바탕으로 내점객의 구매단가를 올리는 전략이 점포영업 활성화의 핵심 포인트라 하겠다.

In-Store-Promotion

√ 모든 인적자원을 내점객 수와 비례하여 배치하라.
√ 매장에 고객이 있을 때 영업력을 총 동원하라.

11. 재고는 줄일수록 잘 팔린다

할인점은 철저한 시스템을 근간으로 해서 효율을 극대화하고 있다. 또한 이 활동의 결과가 수익이므로 수익을 내기 위해서는 결국 시스템이 지원되어야 한다. 따라서 모든 진행 업무가 투명하게 관리되지 않으면 심대한 문제에 봉착될 수 있다.

통상적으로 할인점은 의류, 테넌트 샵을 제외하고는 대부분 완전 직매입 형식으로 상품을 매입한다. 또한 매입단위도 연간 수조 원에 이를 정도로 방대한 규모이다.

따라서 적정재고 관리가 할인점 운영의 최대 관심사이다. 점포규모는 한정되어 있고 객수와 매출액은 증가한다고 늘어난 재고를 아무곳이나 야적할 수는 없는 것이다.

일반적으로 재고가 많으면 불필요한 업무량이 늘어난다. 또한 재고가 많으면 창고에 별도의 적재공간이 필요하고 재고관리에 필요한 비용 등 이에 따르는 부수적인 일들이 많아진다. 따라서 불필요한 일과 비용을 줄이기 위해서라도 판매에 도움이 안되는 불필요한 재고는 시스템적으로 줄여나가야 한다.

그런데 재고는 무조건 줄인다고 만사가 해결되는 것은 아니다. 현재 이·마트는 점포별로 다소 차이가 있지만 직매입 상품은 상당히 높은 수준의 재고 회전율로 관리되고 있다. 즉, 부실 재고가 거의 없다는 얘기다.

한때 최대 화두가 잘 먹고 잘 살자는 '웰빙' 이었다. 그러다 보니 지나친 운동과 감량으로 체중을 줄여 오히려 건강을 해치는 사례가 종종 보도되곤 했다. 몸 상태를 고려치 않은 무계획적 활동의 결과라 할 수 있다.

재고도 마찬가지이다. 절대적인 재고를 줄이는 개념보다 각각의 장르별로 재고성향을 면밀히 분석하고 계획을 세워 감축해야 한다.

적정재고는 상권과 밀접한 관련이 있다. 즉 동일한 규모의 점포이지만 매출액에 따라 지표는 엄청 달라진다. 따라서 매출액이 적은 점포일수록 재고관리는 매우 어려워진다. 왜냐하면 매장에 진열되어 있는 진열 재고량만 해도 만만치 않은 금액이기 때문이다.

재고의 지표는 회전율이다. 즉, 매출과 재고의 상관관계 개념이다. 따라서 회전율을 높이려면 재고 증가율보다 높은 매출액 신장율을 보이든가, 아니면 매출액 신장율이 적으면 안 팔리는 상품을 없애는 활동으로 재고 축소율을 높이든가, 이 두 방법 중 하나를 선택해야 한다.

그러나 문제는 영업활성화를 근간으로 재고 회전율이 개선이 안된다면 결국 점포규모에 맞게 몸집을 가볍게 하는 전략을 구사해야 한다는 것이다.

이때 점포의 특성을 고려한 재고감축 계획을 세워야 한다. 일반적으로 재고가 규모 이상으로 많이 보유되고 있을 때에는 팔리는 재고는 항상 부족하고 안 팔리는 재고는 항상 넘쳐흘러 매출은 늘어도 재고 회전율은 변동이 없는 것이 일반적으로 나타나는 현상이다. 따라서 이 문제를 해결하기 위해서는 다음과 같은 방법이 필요하다.

첫째, 장르별 ABC 분석을 통해 잘 팔리는 상품과 안 팔리는 상품을 명확히 할 필요가 있다. 안 팔리는 상품의 재고는 최소화하고, 팔리는 상품의 재고는 충분히 확보하는 것이다.

둘째, 다점포 체제의 장점을 최대한 활용하여 판매대비 과다재고 및 무판매 재고에 대하여 판매력이 있는 점포로 이관 조치한다.

셋째, 이관 불가상품 및 저회전 체화재고는 가격인하 및 증정품을 부착하여 별도 특설매장을 구성하여 조기 처분한다.

넷째, 매장을 상권 특성에 맞게 레이아웃을 개선(축소, 확대, 이동)하여 진열재고를 조정한다. 즉 판매대비 과다한 면적을 차지하고 있는 품목은 판매에 연동하여 진열 페이싱을 하고 여유 공간을 동선확대나 특설매장으로 활용하는 것도 하나의 방법이다. 특히 필자가 지점장 재직 시 즐겨 사용했던 방법 중의 하나이다.

다섯째, 발주의 정확도 및 과다 발주의 위험을 줄이기 위하여 발주

단말기상의 페이스 등록을 주기적으로 재검토한다.

여섯째, 후방창고를 매장과 동일한 수준으로 유지하여 언제든지 재고가 한눈에 들어오게 하여 재고운영을 미세하게 관리해 나간다.

마지막으로 점포 책임자는 정기적으로 판매대비 재고수준을 시계열로 관리하여 재고의 증감을 예의 주시하고, 일회성 업무가 아닌 인내와 끈기를 가지고 일상적인 업무로 즐겨야 한다.

이·마트는 상품본부에서 발주하던 시스템을 오래전에 매장에서 발주하는 시스템으로 전격 전환하였다. 이로 인해 업무효율과 점포의 재고는 줄고 매출은 신장하는 결과를 가져왔다.

새로운 시스템의 도입과 운영상의 제도변경이 가져온 결과였다. 몸집이 크다고 파워풀한 힘이 나오는 것이 아니듯, 재고도 많다고 해서 매출이 신장하는 것이 아니다. 오히려 불필요한 비용과 자원만 낭비된다.

따라서 점포 책임자는 결품과 품절이 발생하지 않게 부문별로 합리적인 적정 목표재고를 먼저 설정하고, 강력한 실천의지와 지속인 과정관리를 통해서 매출액과 연동하여 재고효율을 개선해 나가야 한다. 재고는 관심을 갖지 않으면 강물 늘어나듯 늘어나지만, 일단 늘어난 재고를 줄이는 것은 엄청난 고통과 인내가 따르기 때문에 점포 책임자의 평시 관리가 절대적이다.

따라서 매출을 올리고 싶거든 불필요한 재고를 지금 즉시 처분하라. 몸집이 가벼울수록 점포의 생산성은 배가된다.

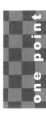

In-Store-Promotion

√ 불필요한 재고는 줄일수록 점포의 수익은 증가한다.

√ 점포에서 양질의 재고관리는 지점운영 성과지표의 핵심이다.

Operation guide

고객은 영업이 잘되고 있는 점포에서 쇼핑하기를 원한다. 또한 항상 질 좋은 상품과 서비스를 추구한다.

따라서 풍부한 상품구색과 활기 넘치는 매장은 고객의 반복구매를 유도할 뿐만 아니라 점포수익의 근원이 된다.

√ 점포 영업활성화는 ISP(진열, POP, 선도관리, 스페이스관리, 이벤트) 활동을 통해 다양하게 접목할 수 있다.

√ 불필요한 재고는 줄일수록 영업이 잘된다. 재고의 증가는 비용과 부수적인 업무만 늘어난다. 따라서 적정재고 및 양질의 재고관리가 점포영업의 핵심이다.

√ 점포영업이 잘될 때일수록 소외된 MD(카테고리)를 찾고, 개선하라.

√ 점포의 매출은 고객만족활동과 고객지지도의 결과이다. 따라서 고객이 원하는 상품과 판매하려는 상품과의 적절한 MIX가 필요하다.

√ 매장 오퍼레이션의 핵심은 고객이다. 따라서 고객만족활동의 모든 역량을 내점객 수에 비례하여 자원을 배분하라.

√ 점포영업은 고객의 시계성이 뛰어나야 한다. 눈에 잘 띌 수 있는 모든 방법을 동원하라.

√ 덤(무료, 공짜, 샘플) 프로모션은 틈틈이 점포에서 고객을 집객할 수 있는 핵심요소이다.

오늘날 신세계 이·마트가 쟁쟁한 외국계 할인점을 물리치고 연간 수 천억 원이 넘는 순이익 창출과 파워풀한 시장지배력을 기반으로 대한민국 1등 토종 할인점으로서의 입지를 견고히 하고 있는 것은 어느 날 갑자기 생긴 일이 아니다.

신세계 이·마트가 동종 경쟁업체 대비 탁월한 성과를 나타낼 수 있는 것은 여러 가지 요인이 있지만 이·마트에 근무한 경험을 토대로 나름대로 정리해 보면 다음과 같다.

첫째, 적어도 동종업계보다 앞서 전 사적 차원에서 국내 최초로 기획한 신업태 할인점 선점전략의 성공이 가장 큰 이유라 할 수 있다. 이로 인해 매출대비 투자비가 저렴할 수밖에 없는 비용구조 즉, 감가상각이 종료되었다든가, IMF 시절 저렴하게 부지를 매입하는 등 이·마트의 몸집을 가볍게 할 수 있게 한 일련의 전략적 활동이 동종업계 대비 유리한 점포 환경인프라를 만들었다는 것이다.

둘째, 다점포 체제 구축에 의한 바잉파워이다. 현재 이·마트는 130여 개의 점포가 영업을 하고 있다. 따라서 시장원리라는 것은 매우 명확하기 때문에 많이 사면 원가는 다운될 수밖에 없는 철저한 원가우위 전략인 규모경제의 혜택을 톡톡히 보고 있다. 아무래도 입점가격이 경쟁사 대비 구매자의 강력한 교섭력을 기반으로 경쟁력을 확보하면 상품 및 가격우위의 선점효과를 극대화할 수 있는 것이다.

셋째, 다점포 할인점 산업의 핵심역량이라 할 수 있는 시스템 구축과 운용이 최첨단이라는 것이다. 할인점 이익의 근원은 한마디로 Low-

Cost Operation에 바탕을 두고 있기 때문에 최소의 인력으로 최대의 이익을 창출하는 시스템인프라 구축에 상상을 초월할 정도의 투자를 아끼지 않는다는 것이다.

넷째, 주요 거점에 전국적 물류망을 확보하고 있는 첨단물류 시스템이다. 매장에서 발주된 상품이 WET(식품부문), DRY(공산품부문) Net-Work를 통해 실시간으로 파악되고 적시에 배송함으로써 적정재고 유지와 최상의 선도 유지를 통해 상품가치를 극대화함과 동시에 협력회사의 물류비용을 최소화하는 등의 통합물류시스템 구축이다.

다섯째, 공격적인 마케팅 활동이다. 항상 이·마트는 남들보다 앞서 간다. 이것은 일에 대한 확신이 없으면 접근 자체가 불가능한 얘기이다.

공격이 최선의 방어라는 말처럼 시장을 선점하기 위한 이·마트 만의 과학적, 합리적 마케팅 시스템이 이를 가능하게 하고 있다.

여섯째, 철저한 고객 중심의 매장운영이다.

가령 우리나라 사람의 체형에 맞는 매장형태와 집기를 낮춤으로써, 고객이 쇼핑하기 편하고, 친근감이 가도록 설계함과 동시에 편의시설을 대폭 강화함으로써 한국인이 선호하는 매장으로 변화시켰다는 것이다.

또한 매장의 후방을 창고가 아닌 판매를 위한 대기장소의 개념으로 설계하여 협력회사에서 납품된 상품이 판매 로스나 품절 없이 신속히 진열될 수 있도록 함으로써 점포 효율을 변화시키고 있는 것이다.

특히 고객의 불만요소를 실시간으로 파악하고 경영에 반영하는 일련의 프로세스는 최근 정용진 부회장이 경영일선에 나서면서 트위터에 의한 고객의 소리를 경청하고 응대하는 모습과 무관하지 않다.

일곱째, 이·마트는 최고 경영자를 비롯한 간부급 인력이 일에 대한 열정과 집중력, 문화의 동질성, 1등정신, 양질의 우수인력을 확보하고 육성하는 시스템, 직원들의 자긍심이 가동하고 있기 때문에 동종업계 에서는 단기적으로는 감히 따라올 수 없을 뿐만 아니라 할인점 영업 특성상 매우 중요한 일사분란한 조직 체계의 근간이 되고 있는 것이다.

여덟째, 업계 최고대우를 해주고 있어 사원들이 이·마트를 떠나야 할 이유가 없다는 것이다. 또한 회사에 대한 프라이드가 남다르고 사원 이 이루어낸 성과에 대해서는 반드시 보상이 된다는 전 사적 차원의 공감대가 자연스럽게 형성되어 왔다는 사실이다.

마지막으로 신세계의 윤리경영을 근간으로 한 전사적 고객만족 경영시스템이 생활화되어 있는 기업문화이다. 이것은 내, 외부 고객의 이·마트에 대한 충성도를 높임으로써 상생의 협력관계를 조기에 구축하여 고객, 종업원, 주주, 협력회사와 튼튼한 신뢰를 형성하게 하는 원동력이 되게 하고 있는 것이다.

그밖에 다양한 각도로 분석할 수 있겠지만 대체로 이런 이유가 오늘날 이·마트가 동종업계 대비 앞서 갈 수밖에 없는 근간이라고 생각한다.

일본의 할인점이 백화점 매출을 추월하는데 30여 년이란 시간이 걸렸지만 우리나라는 불과 10여 년 만에 평정하였다. 게다가 외국계 할인점은 힘 한번 제대로 못 쓰고 코스트코를 제외한 모든 할인점이 국내에서 철수하였다.

장사를 잘하려면 여러 가지 전략과 전술이 필요하다. 또한 다양하고도 기발한 마케팅 기법이 개발되기도 한다. 좋은 입지에서 영업을 한다고 해서 영업이 반드시 잘된다고 볼 수도 없으며 역으로 B급 지역임에도 불구하고 다양한 점 내 마케팅 활동을 통해서 입지의 한계를 극복한 사례도 종종 있다.

말 그대로 소매업에 정답은 없고 오로지 해답만 존재할 뿐이다. 신세계 이·마트에서 이루어지고 있는 다양한 활동이 반드시 정답이라 볼 수 없겠지만 해답 중의 하나일 수는 있다. 다만 선도적 기업으로서 모범 사례를 보여주고 있을 따름이다.

따라서 점포영업은 일반 세일즈와는 달리 고객을 찾아 나서기보다는 다양한 집객 활동을 통해 내점하는 고객을 대상으로 효율을 극대화하는, 즉 구매단가와 구매객 수를 높이는 마케팅MIX 활동이기 때문에 한번 온 고객을 다시 오게 하는 프로세스를 지속적으로 구축해 나가는 활동이 필수적이다.

비록 필자가 쓴 점포 마케팅이 모든 점포에 접목되는 것은 아니겠지만 장시간 현장 경험을 토대로 실제로 점포에서 벌어진 다양한 현장 마케팅 프로그램을 알기 쉽게 정리하였음에도 부족한 부분이 많다고 생각한다.

모쪼록 필자의 부족한 필력이지만 현장에서 점포를 책임지고 있거나 영업을 하고 있는 분들의 실질적인 접목을 통해서 무한경쟁시대의 경쟁력을 확보하기 위한 대안의 일부로써 슬기롭게 극복할 수 있는 계기가 되기를 희망한다.

이마트에서 배우는
장사 노하우

초판 1쇄 펴낸날 | 2010년 10월 30일

지은이 | 박종현
펴낸이 | 이금석
기획·편집 | 박수진
디자인 | 박은정
마케팅 | 곽순식, 김선곤
물류지원 | 현란
펴낸곳 | 도서출판 무한
등록일 | 1993년 4월 2일
등록번호 | 제3-468호
주소 | 서울 마포구 서교동 469-19
전화 | 02)322-6144
팩스 | 02)325-6143
홈페이지 | www.muhan-book.co.kr
e-mail | muhanbook7@naver.com

가격 12,000원
ISBN 978-89-5601-271-1 (03320)